CONTROL DE LA IRA

PREVENCIÓN, ENTENDIMIENTO

Y

RESOLUCIÓN

Un cuaderno de Auto-Descubrimiento

Rui M. Lima, MA, MSW, LICSW

2017

©

DEDICATORIA

Este libro está dedicado a la gente que tiene problemas con una ira incontrolable, a la gente que encontró el entendimiento, determinación, actitud y resolución para descubrir su fortaleza interna y encontrar un autocontrol sublime.

ACERCA DEL AUTOR
RUI M. LIMA, MA, MSW, LICSW

Decidí escribir este cuaderno de control de la ira para simplificar las maneras de enfrentarse a la ira, cultivar la prevención de los ataques de ira e incrementar el auto-entendimiento de las manifestaciones de ira sin afectar la armonía de las emociones.

Somos de la manera en la que percibimos y sentimos el universo. La manera en la que usamos la ira determina nuestra capacidad de organizar nuestros pensamientos y vivir una vida problemática o tranquila. Podemos auto-descubrir la dinámica de nuestras motivaciones y nuestro ser interior reconociendo las raíces de nuestras actitudes y comportamientos y fomentando el proceso de asertividad, auto-consciencia, auto-cuidado, auto-regulación, auto-actualización, perspicacia, esperanza, curación y transformación.

Al completar este cuaderno vas a desafiar tu sistema de creencias, comportamientos agobiantes y sentimientos y pensamientos malentendidos. Identificarás pistas físicas, emocionales y cognitivas que pueden provocar una ira incontrolable y dominarás la aplicación de conciencia plena y auto-control. Te darás cuenta de que la vergüenza, culpabilidad, frustración, desilusión, fastidio, irritación, resentimiento y otros elementos son factores contribuyentes a la ira. Aprenderás a gestionar el estrés, a resolver conflictos, a tomar decisiones, a resolver problemas, técnicas para sobreponerse basadas en asertividad y consciencia plena y demostrar el conocimiento de la aplicación de técnicas para sobreponerse con otros, con tu psicoterapeuta o en grupo. Comprenderás las fuerzas subyacentes de las relaciones sanas y malsanas y mejorarás tus relaciones interpersonales.

He aprendido que la consciencia de uno mismo y el crecimiento como persona conlleva una sensación de identidad, poder personal, creatividad y un propósito más grande. El objetivo de este cuaderno es guiarte para que encuentres tus fuerzas a través de tu propio autodescubrimiento, desde tu niñez hasta el presente y revelar componentes fundamentales que te ayudarán a reconocer el verdadero significado de la vida. Entenderás cómo el entorno y las circunstancias afectan los comportamientos y cómo motivaciones internas poderosas crearon la persona en la que te convertiste.

Poseo un título de Masters de Arte en Asesoramiento para la Rehabilitación de la Universidad Assumption y un título de Masters de Trabajo Social de la Universidad Estatal de Bridgewater. Soy un Trabajador Social Clínico Independiente Licenciado en los estados de Massachusetts y Rhode Island. Mi experiencia como psicoterapeuta incluye el uso de conciencia plena y psicoterapia ecléctica para tratar fluctuaciones del ánimo, abuso de sustancias, adicciones y sentimientos de insatisfacción con uno mismo, con relaciones personales y con el trabajo. Espero que descubras lo asombrosa que es la vida sin conflictos.

Tabla de Contenidos

Fotografías hechas por Patricia Almeida Lima

"Nada se va hasta que nos ha enseñado lo que tenemos que saber."

Buda

INTRODUCCIÓN AL CUADERNO DE CONTROL DE LA IRA

¿Qué es la ira?

La ira es una emoción reactiva secundaria al miedo, disgusto, dolor, provocación, irritación, frustración, resentimiento, celos, aversión, desacuerdo, amenazas, críticas, desilusión, pérdida, culpabilidad, vergüenza, fastidio, eventos, situaciones, gente y cosas. La ira puede fortalecernos, darnos energía, cambiarnos y motivarnos para alcanzar grandes objetivos, pero también puede destruir todo lo que hemos conseguido si no se controla de manera apropiada.

La ira puede controlarse entendiendo sus raíces y sus intenciones percibidas. La manera en la que percibimos una situación, un evento, una persona, un lugar, una cosa, lo que se ha dicho o hecho, determina cómo reaccionamos si estamos enfadados. Nuestra reacción es lo que demuestra nuestro auto-control o la ausencia del mismo. Debemos controlarnos a nosotros mismos si queremos tener una vida sin conflictos y rodeada de paz de conciencia plena, resolución y entendimiento.

Debemos incrementar la consciencia de señales físicas pasadas y presentes así como las respuestas emocionales a la ira, y convencernos estratégicamente a nosotros mismos de que la mejor respuesta a la ira debe incluir auto-control, auto-consciencia y auto-regulación.

Nos convertimos en los pensamientos sobre los que actuamos. Nuestros comportamientos pueden determinar el nivel de consciencia de nuestros miedos y dolores físicos y psicológicos. Debemos preguntarnos a nosotros mismos qué es lo que ha estado causando nuestro dolor y miedo y qué hemos hecho para conquistarlos. Somos lo que sentimos, y nuestros sentimientos pueden responder a enfermedades físicas y psicológicas a través de poca paciencia y episodios de ira. Podemos controlar y controlaremos nuestra ira.

- **¿Cómo estás de enfadado hoy? Por favor, rodea un número con un círculo.**

0   1   2   3   4   5   6   7   8   9   10   +
Nada   Extremadamente

Por favor, explica tu selección: _______________________________________

____

____

- **¿Cómo estabas de enfadado la semana pasada? Por favor, rodea un número.**

0   1   2   3   4   5   6   7   8   9   10   +
Nada   Extremadamente

Por favor, explica tu selección: _______________________________________

____

____

TÚ

La gente pierde su salud, su dinero, su familia, sus relaciones, sus seres queridos, su sentido de sí mismos, su propósito en la vida e incluso sus vidas por culpa de la rabia o ataques de ira.

Por favor, describe todo lo que sepas de ti mismo desde tu nacimiento hasta la actualidad y cómo la ira interfiere con tu felicidad. Incluye tus interacciones con amigos de la niñez, dinámicas familiares, encuentros en la escuela, relaciones románticas, entorno laboral, actividades legales e ilegales, eventos que te llevaron a tener problemas con la ley y comportamientos que resultaron en un estilo de vida caótico. Incluye además otras experiencias y sucesos que dieron forma a la persona que eres hoy. Por favor, escribe sobre quién, cuándo, dónde, por qué y cómo sentiste ira por primera vez. Es importante que seas sincero en tus comentarios, opiniones y observaciones. Tu memoria te ayudará a comprender el nacimiento de tu ira.

____

____

____

____

____

____

____

____

____

____

____

____

____

____

____

____

____

AUTO-DESCUBRIMIENTO

Cuando tenemos una auto-consciencia completa y entendemos las fuerzas de nuestro ser interior y el propósito de la vida, crecemos emocionalmente sanos. El auto-control se gana a través de la aplicación del conocimiento de consciencia plena y la experiencia de uno mismo.

- **¿Cuánto auto-control tienes actualmente? Por favor, rodea un número.**

0   1   2   3   4   5   6   7   8   9   10   +
No tengo
auto-control   Auto-control extremo

Por favor, explica tu selección: ____

____

____

- **¿Cuánto has perdido debido a tu ira? Por favor, rodea un número.**

0   1   2   3   4   5   6   7   8   9   10   +
No perdí nada   Perdí mucho

Por favor, explica tu selección: ____

____

____

- **¿Cuánto te quieres y te cuidas a ti mismo? Por favor, rodea un número.**

0   1   2   3   4   5   6   7   8   9   10   +
No me quiero o me cuido   Me quiero y me cuido
                                                            extremadamente

Por favor, explica tu selección: ____

____

- **¿Cuánto te desagrada la gente? Por favor, rodea un número.**

0   1   2   3   4   5   6   7   8   9   10   +
Me gusta la gente   Me desagrada extremadamente

Por favor, explica tu selección: ____

____

Debemos motivarnos a nosotros mismos, amarnos y cuidarnos y aplicar lo que se sabe que es bueno para nuestros seres interiores. Debemos aprender, participar, entender y enriquecer lo siguiente:

- Auto-entendimiento (necesidades, propósitos, objetivos)
- Auto-cuidado (cuerpo, mente, emocionalmente, espiritualmente)
- Auto-consciencia (pasada y presente)
- Auto-dirección (motivación, camino beneficioso)
- Auto-compromiso (contrato, promesa)
- Auto-cambio (coraje, determinación, responsabilidad)
- Auto-responsabilidad (justicia, moralidad, integridad)
- Auto-amor (incondicionalmente)
- Auto-obligación (valentía, honestidad)
- Auto-flexibilidad (posible, fiable)
- Auto-perspicacia (visionario, despierto)
- Auto-descubrimiento (buscando, esperanza)
- Auto-motivación (entusiasmo genuino)
- Auto-empoderamiento (fuerza interior, energía)
- Auto-estima (capacidad, creencia)
- Auto-dependencia (confianza, impulso)
- Auto-aceptación (consciencia de la fuerza, felicidad)
- Auto-valor (valor, respeto)
- Auto-realización ( )
- Auto-curación ( )
- Auto-actualización ( )
- Auto-regulación ( )
- Auto-control ( )

A veces las demandas de repeticiones, fracasos, estilo de vida caótico, experiencias dolorosas, pensamientos descuidados, relaciones abusivas y comportamientos impulsivos de riesgo nos lleva a cambiar y a aprender técnicas sanas para sobreponerse, incluyendo la gestión de la ira. Debemos asirnos a la auto-aceptación, auto-responsabilidad, auto-obligación y auto-disciplina para poder prevenir, entender y encontrar la solución a nuestra ira.

- **¿Cómo estás de motivado para aprender técnicas para sobreponerte y controlar la ira? Por favor, rodea un número.**

0	1	2	3	4	5	6	7	8	9	10	+

No estoy motivado   Muy motivado

Por favor, explica tu selección: ____

____

____

Sé la energía positiva que te conecta al universo

Para poder permanecer sin pensamientos y comportamientos autodestructivos, debemos descubrirnos a nosotros mismos y adquirir un conocimiento completo de nosotros mismos. Debemos buscar nuestro manual de guía y dominar nuestros deseos. Debemos comprender las raíces de nuestro sufrimiento e identificar nuestras fuerzas. Debemos comprender, creer e integrar en nuestro sentido de ser humano el propósito mayor de nuestras vidas, sin ataques de ira o comportamientos destructivos.

Por favor, marca lo que sea importante para ti:

	√		√		√		√
Relaciones	Fuerza	Cultura	Honestidad	Creatividad
Universo	Ser interior	Razón	Forma	Medios
Intimidad	Datos	Introvertido	Salud	Viajar
Ocio	Naturaleza	Tímido	Apariencia	Drogas
Independencia	Educación	Fiable	Control	Virtud
Dinero	Juventud	Aceptación	Religión	Imagen
Arte	Opiniones	Amor	Alegría	Sexualidad
Internet	Relacionarse	Imposible	Riesgo	Ejercicio
Espacio	Madre	Sincero	Divertido	Entrenarse
Consciencia	Añoranza	Místico	Jugar	Motivación
Crecimiento	Vida	Capaz	Humor	Flexibilidad
Rigidez	Apertura	Auténtico	Familia	Transporte
Energía	Valores	Violencia	Amigos	Refugio
Aceptación	Ética	Experiencia	Obligaciones	Comida
Talentos	Teorías	Lucrativo	Trabajo	Aficiones
Morales	Oculto	Oficina	Sexo	Tiempo
Garantía	Oxígeno	Unicidad	Raza	Fe
Necesidades	Confianza	Gafas de sol	Género	Auto-control
Tiempo	Habilidades	Hoy	Cosas	Alcohol
Gente	Ternura	Ambición	Lugares	Ropa
Nada	Solo	Objetivos	Muerte	Mañana

Por favor, añade

	√		√
Responsabilidad	Otro:_______________	
Obligación	Otro:_______________	
Autodeterminación	Otro:_______________	
Autoactualización	Otro:_______________	
Escuela	Otro:_______________	
Autorregulación	Otro:_______________	
Autoestima	Otro:_______________	
Articulación	Otro:_______________	
Autocontrol	Otro:_______________	

¿QUIÉN ERES?

Nombre: ____ Edad: ______________

Género: ______________ Fecha de Nacimiento______________ SSN: ______________

Altura: ______________ Peso: __________

¿Quién te dio tu nombre? ____

¿Qué significa tu nombre? ____

- **¿Cuánto te conoces a ti mismo? Por favor, rodea un número.**

0	**1**	**2**	**3**	**4**	**5**	**6**	**7**	**8**	**9**	**10**	**+**

No me conozco   **Extremadamente**

Por favor, explica tu selección: ____

____

Grupo Étnico:

1. Africano Americano / Negro ___   2.Azoreño___   4. Francés___ 5.Alemán___

6. Hispano / Latino___   7.Italiano___   8.Irlandés ___ 9. Americano Nativo___

10. Portugués___   11. Otro: ____

Raza:

1. Indio Americano/Americano Nativo__ 2. Africano Americano/Negro __ 3.Asiático_

3. Caucasiano Blanco_____   4.Biracial: ________________________________

5. Otro: ____

Orientación Sexual:

( ) Heterosexual ( ) Bisexual ( ) Homosexual ( ) Transgénero ( ) Pan-sexual

( ) Otro: ____

A) ¿En qué eres fuerte?

____

____

____

____

____

____

____

B) ¿Qué habilidades o cualificaciones tienes? (por ejemplo, oficio)

____

____

____

____

____

____

____

C) ¿Qué necesitas?

____

____

____

____

____

____

____

____

____

D) ¿Qué objetivos tienes? (¿Qué te gustaría conseguir en un mes, tres meses, seis meses, un año, dos años y cinco años?).

____

____

____

____

____

____

____

____

____

____

E) ¿Qué es lo que más te gusta hacer en tu tiempo libre y con quién? (ej. aficiones, deportes, actividades familiares, etc.).

____

____

____

____

F) Por favor, escribe todo lo que te gustaría cambiar en tu vida.

____

____

____

____

____

____

G) Por favor, describe todos tus logros.

____

____

____

____

____

H) Por favor, escribe todo lo que hayas perdido debido a tu ira.

____

____

____

____

____

____

____

____

____

____

____

____

<u>**ENTORNO**</u>

1. ¿Dónde vives?

Ciudad: ________________________________ Estado: ___ Código Postal: _______

<u>**Hogar / Lugar de Residencia:**</u>

1. Casa/Apartmento___ 2. Hogar de Grupo ___ 3. Internado____ 4. Refugio___

5. Otro: ____

1. ¿Cuántas veces te has mudado desde hace un año? ______________

2. ¿Crees que vives en un lugar seguro? SÍ / NO (por favor, redondea uno)

Por favor, explícalo:

____

____

____

____

3. ¿Quién vive contigo?

____

____

____

____

4. Desde hace un año, ¿tu pareja, familiar o extraño te han empujado, dado un puñetazo, pegado una patada, golpeado o amenazado con hacerte daño? SÍ / NO (por favor, redondea uno)

Si es así, ¿quién?:_____________________________ ¿Cuándo?: ________________________

¿Por qué?: ____

____

____

____

____

____

<u>**ESTADO CIVIL:**</u>

( ) Nunca te casaste ( ) Soltero ( ) Casado ( ) Separado ( ) Divorciado ( ) Viudo

1. ¿Cuántos hijos tienes? _______ ¿Con cuántas parejas? ________

2. ¿Qué edades tienen y de que género son?___________________________________

3. ¿Dónde viven ahora tus hijos?

____

____

4. ¿Quién se ocupa de tus hijos?

____

____

____

5. ¿Dejaste de ocuparte de tus hijos debido a tu adicción? SÍ/NO. Por favor, explícalo.

____

____

____

6. ¿Tienes ahora mismo una relación romántica? SÍ / NO (por favor, redondea uno)

Por favor, explícalo: ____

____

7. ¿Tu pareja usa drogas actualmente? SÍ / NO (por favor, redondea uno)

Por favor, explícalo: ____

____

8. ¿Tiene o tuvo tu pareja problemas con la ira? SÍ / NO (por favor, redondea uno)

Por favor, explícalo: ____

____

9. ¿Desde hace cuándo estáis juntos?

____

10. ¿Qué hacéis para divertiros?

____

____

____

11. ¿Cómo conociste a tu pareja actual?

____

____

____

12. ¿Qué has aprendido de tu pareja?

____

____

____

13. ¿Cuántos amigos tienes? _______________________

14. ¿Cuántos conocidos tienes? _______________________

15. ¿Cuántos amigos tienes que estén actualmente sobrios y recuperándose? _________

16. ¿Cuántos amigos tienes que estén tomando drogas ilegales? _________________

17. ¿Cuántos amigos tienes que hayan sufrido una sobredosis de drogas? _____________

18. ¿Cuántos de tus amigos tienen trabajo? _______________________________

19. ¿Cuántos de tus amigos toman cannabis? _______________________________

20. ¿Cuántos de tus amigos beben alcohol? _______________________________

21. ¿Cuántos de tus amigos acuden a grupos de autoayuda de AA/NA?_______________

22. ¿Cuántos amigos tienes que hayan estado en la cárcel? _________________________

23. ¿Cuántos de tus amigos son violentos? _______________________________

24. ¿Cuántos de tus amigos tienen relaciones malas? ______________________

25. ¿Cuántos de tus amigos tienen problemas de control de la ira? _________________

26. ¿Cuántos de tus amigos han sido víctimas de abusos? _________________________

27. ¿Cuántos de tus amigos son abusadores? _______________________________

28. ¿Cómo describirías a tus amigos?

____

____

____

29. ¿Qué aprendiste de tus amigos y familiares? Por favor, explica lo bueno, lo malo y lo
feo que hayas vivido y aprendido de tus amigos y familiares.

21. ¿Eras popular en tu escuela o vecindario? SÍ / NO. SÍ / NO (por favor, redondea uno).
Por favor, explícalo.

CUANDO ERAS UN NIÑO

1.   ¿Alguno de tus padres tenía un problema de adicción a drogas o al alcohol?
SÍ/NO (por favor, redondea uno). Si así fue, ¿quién? ¿Cuánto duró el problema? ¿Qué
recuerdas del problema? ¿Cómo afectó ese problema a tu niñez y ahora como adulto?

____

____

____

____

____

____

____

2.   ¿Estuviste expuesto a violencia doméstica cuando estabas creciendo? SÍ/NO (Por
favor, rodea un número)
Si así es, ¿qué recuerdas de ello? ¿Cómo crees que la violencia afectó tu vida como como
niño y ahora como adulto?

____

____

____

____

____

____

3.   ¿Te criaron en parte o completamente padres adoptivos o parientes? (es decir,
excepto tus padres) SÍ/NO. Por favor, explícalo.

____

____

____

4.   ¿Con qué frecuencia te castigaron tus padres o guardianes a no salir de casa o a
estar de cara a la pared? Por favor, explícalo.
( ) Frecuentemente   ( ) A menudo   ( ) De vez en cuando   ( ) Raramente   ( ) Nunca

____

____

Por favor, explícalo

5. ¿Crees que te abusaron físicamente?   SÍ / NO

____

____

____

6. ¿Crees que te abandonaron?   SÍ / NO

____

____

7. ¿Crees que te hicieron daño de manera sexual?   SÍ / NO

____

____

____

8. ¿Alguna vez te hicieron daño tus padres cuando estaban fuera de sí?   SÍ / NO

____

____

____

FAMILIA AL PRINCIPIO

1. ¿Vivías en una familia con padre y madre? SÍ / NO. Si así fue, ¿hasta cuándo?

____

____

Si no fue así, ¿por qué no? ___________________________

____

____

____

2. ¿Tenías hermanos o hermanas? SÍ / NO. Si así es, ¿cuántos? ___________________

¿Vivían con la misma familia? SÍ / NO. Si no fue así, ¿por qué no?
____

____

3. ¿Te llevabas bien con tus hermanos? SÍ /NO. Por favor, explícalo.

____

____

4. ¿Tenía tu familia dificultades familiares? SÍ / NO. Si así fue, por favor explícalo.
____

____

____

5. ¿Te gustaba la escuela? SÍ / NO. Si así fue, por favor explícalo.

____

____

6. ¿Tenías dificultades en la escuela? SÍ / NO. Si así fue, por favor explícalo.

____

____

____

7. ¿Tenías problemas de comportamiento en la escuela? SÍ / NO. Si así fue, por
favor explícalo.

____

____

____

8. ¿Sufriste acoso escolar? SÍ / NO. Si así fue, por favor explícalo.

____

____

____

9. ¿Cuántas peleas tuviste con tus compañeros de escuela? _¿¿___________________
Por favor, explícalo

____

____

____

PERFIL FAMILIAR ACTUAL

1. ¿Quién vive contigo?

2. ¿Cómo describirías tu relación con tus padres?

3. ¿Cómo describirías tu relación con tu pareja?

4. ¿Cómo describirías tu relación con tus hermanos?

5. ¿Cómo describirías tu relación con tus hijos?

6. ¿Con quién hablas de tus problemas?

7. ¿Crees que tienes un sistema de apoyo sano? SÍ/NO. Si así es, por favor, explícalo

EDUCACIÓN

1. ¿Cuántos años de escuela has conseguido? ____________

    ( ) Diploma de Escuela Superior ( ) Algo de Universidad ( ) Título Universitario ( ) Otro

2. ¿Cómo se llama la última escuela a la que fuiste? ___________________

3. ¿Te gustaría volver a la escuela? SÍ/NO. Por favor, explícalo.

    ____

    ____

4. ¿Qué te gustaba de la escuela? Por favor, explícalo.

    ____

    ____

    ____

5. ¿Qué es lo que no te gustaba de la escuela? Por favor, explícalo.

    ____

    ____

    ____

6. ¿Tienes certificados de finalización? SÍ/NO. Por favor, explícalo.

    ____

    ____

    ____

EMPLEO

1. ¿Tienes empleo? SÍ / NO. Si así es, ¿cuánto hace que lo tienes?

    ____

2. ¿Qué tipo de empleo es?

    ____

    ____

3. ¿De dónde obtienes tu apoyo económico?

    ____

4. ¿Fuiste militar? SÍ / NO. Si así fue, por favor explícalo.

    ____

1. ¿Qué cosas te gusta hacer más durante tu tiempo libre? ¿Con quién?

2. ¿En qué actividades comunitarias estás involucrado?

VIDA ESPIRITUAL / AFILIACIÓN A UNA IGLESIA

1. ¿Cómo son de fuertes las creencias o prácticas religiosas de tu familia?
    ( ) Muy fuertes ( ) No muy fuertes ( ) Escasas ( ) Mi familia no es religiosa

    ¿A qué religión / Iglesia / templo acudes?

2. ¿Es la espiritualidad importante en tu vida? SÍ/NO. Por favor, explícalo.

HISTORIA FAMILIAR

1. ¿Han tratado a algún familiar debido a problemas PSIQUIÁTRICOS? SÍ / NO. Si así fue, ¿a quién?

   ____

   ____

   ____

2. ¿Han tratado a algún familiar debido a problemas MÉDICOS? SÍ / NO. Si así fue, ¿a quién?

   ____

   ____

   ____

3. ¿Han tratado a algún familiar debido a problemas de ABUSO DE SUSTANCIAS? SÍ / NO. Si así fue, ¿a quién?

   ____

   ____

   ____

4. ¿Ha estado algún familiar involucrado con el sistema legal? SÍ / NO. Si así fue, ¿quién?

   ____

   ____

   ____

5. ¿Ha estado algún familiar involucrado con programas de violencia doméstica o GESTIÓN DE LA IRA? SÍ / NO. Si así fue, ¿quién?

   ____

   ____

   ____

ACTIVIDADES FAMILIARES

1. ¿Qué hace tu familia para divertirse juntos?

   ____

   ____

   ____

IRA, ALCOHOL, DROGAS Y CÁRCEL

1. ¿Cuántas veces has tenido problemas debido a tu ira? _______________
2. ¿Cuántas veces has tomado alcohol o drogas debido a tu ira? _________
3. ¿Tienes una droga preferida? _______________________________
4. ¿A cuántas desintoxicaciones has ido? ________________________
5. ¿Cuántas veces has sufrido una sobredosis? ____________________
6. ¿Cuántas veces has tenido una recaída? ________________________
7. ¿Cuánto hace que tuviste tu período más largo de sobriedad? _________
   ¿Y cuándo? _______
8. ¿Cuántas veces has intentado reducir la cantidad de drogas y/o alcohol? _____
9. ¿Cuántas veces has acudido a grupos de autoayuda la semana pasada? _____
10. ¿Cuántas veces has estado en período de prueba? _______________
11. ¿Cuántas veces has estado en libertad condicional? _____________
12. ¿Cuántas veces has cumplido una sentencia o has estado en la cárcel? _____
13. ¿Cuántas veces te han arrestado? ____________________________
14. ¿En cuántos programas de casas sobrias has participado? __________
15. ¿En cuántos programas de casas a mitad de camino has participado? _____
14. ¿Has participado en cualquiera de los siguientes programas?
    ( ) Gestión de la ira
    ( ) Violencia doméstica
    ( ) Paternidad
    ( ) Programa de Abuso de Sustancias: ________________________
    ( ) Programa de Salud Mental: _____________________________
    ( ) Otro: ____

Por favor, explica cuándo y dónde completaste esos programas:

____

____

____

5. ¿Cómo estás de cansado de hacer las mismas cosas, de acabar con los mismos problemas o similares y de esperar resultados diferentes? Por favor, haz un círculo alrededor de un número.

0	1	2	3	4	5	6	7	8	9	10

No estoy cansado   **Estoy muy cansado**

Por favor, explícalo: _____________________________________

____

____

____

1. ¿En quién puedes confiar cuando necesitas? (Escribe sus iniciales y la relación que tienen contigo).

a) _______________________ b) _______________________ c) _______________

d) _______________________ e) _______________________ f) _______________

( ) Si no tienes a nadie, explícalo.

____

____

2. ¿Estás satisfecho con su apoyo?
   ( ) Muy satisfecho   ( ) Satisfecho   ( ) Muy insatisfecho
   ( ) Insatisfecho   ( ) No tengo apoyo

3. ¿Quién crees que te quiere profundamente? (Por favor, escribe sus iniciales y la relación que tienen contigo).

a) _______________________ b) _______________________ c) _____________

( ) Si no tienes a nadie, explícalo. _________________________________

4. ¿Estás relacionado con las siguientes entidades o estás recibiendo servicios en la actualidad?
   ( ) Departamento de Niños y Familias: _________________________
   ( ) Libertad a Prueba: ____
   ( ) Libertad Condicional: ______________________________________
   ( ) Departamento de Salud Mental: ______________________________
   ( ) Rehabilitación: ____
   ( ) Tribunales: ____
   ( ) Recursos Comunitarios: _____________________________________
   ( ) Otro: ____
   ( ) Otro: ____

5. Tienes un patrocinador de AA/NA? _________________________________
6. ¿Tienes una mascota? ____
7. ¿Te fías de alguien? ____
8. ¿Rezas? ____
9. ¿Hablas con familiares? ____
10. ¿Te gusta tener amistades? ______________________________________
11. ¿Te sientes seguro cuando estás acompañado de amigos íntimos? Por favor, explícalo

____

____

____

SALUD MENTAL Y TRASTORNOS DE ABUSO DE SUSTANCIAS

1. ¿Te han diagnosticado con un trastorno de salud mental y un trastorno de abuso de sustancia? SÍ/NO. Por favor, explícalo.

____

____

____

____

2. ¿Tomas medicación debido a un trastorno de salud mental? SÍ/NO. Por favor, explícalo.

____

____

____

____

3. ¿Solías tomar medicación debido a un trastorno de salud mental? SÍ/NO. Por favor, explícalo.

____

____

____

____

4. ¿Tomas medicación debido a un trastorno de abuso de sustancias? SÍ/NO. Por favor, explícalo.

____

____

____

____

5. ¿Te ayuda la medicación con tu trastorno de salud mental? SÍ/NO. Por favor, explícalo.

____

____

____

____

6. ¿Estás de acuerdo en tomar medicación para un trastorno de salud mental? SÍ/NO.
Por favor, explícalo.

____

____

____

7. ¿Estás de acuerdo en tomar medicación para un trastorno de abuso de sustancias?
SÍ/NO. Por favor, explícalo.

____

____

8. ¿Cuánto tiempo has estado involucrado con servicios psiquiátricos? Por favor,
explícalo.

____

____

____

9. En tu opinión, ¿cuáles son los pros y los contras de tomar medicaciones?

____

____

____

10. ¿Tienes familiares que toman medicación debido a una enfermedad mental y/o
abuso de sustancias? SÍ/NO. Por favor, explícalo.

____

____

____

11. ¿Te han diagnosticado alguna vez con cualquiera de lo siguiente? √ Si así fue,

¿cuándo?

a) ( ) Ansiedad:____

b) ( ) Depresión : ____

c) ( ) Trastorno anímico:____

d) ( ) PTSD: ____

e) ( ) Propenso: ____

f) ( ) Anti-social:____

g) ( ) Evitación: ____

h) ( ) Esquizofrenia: ____

i) ( ) Otro: ____

¿Cuáles son los aspectos más importantes de ti mismo que pudiste identificar contestando las preguntas anteriores?

PALABRAS SOBRE SENTIMIENTOS

Cuando sentimos algo, liberamos la vida a su forma humana más hermosa. Los sentimientos nos conectan unos a otros y al universo. Podemos sentir cuando nos permitimos recibir completamente la magia y energía de la vida. Los sentimientos no son buenos o malos, sino que reflejan nuestras necesidades. Podemos involucrarnos profundamente en el proceso de autodescubrimiento cuando aclaramos nuestra consciencia y entendimiento de por qué nos sentimos de cierta manera.

¿Cómo te sientes hoy? √

√	√	√	√	√
Asombrado	Insultado	Cariñoso	Bendecido	Aliviado
Complacido	Descontento	Estimulado	Con coraje	Inspirado
Juguetón	Aventurero	Anhelo	Molesto	Tierno
Calmado	Desprecio	Empatía	Agradecido	Enfadado
Centrado	Cínico	Fascinado	Culpabilidad	Miserable
Ímpetu	Valiente	Inútil	Incapaz	Agobiado
Excitado	Furioso	Descorazonado	Indeciso	Perplejo
Flexible	Asustado	Agradecido	Humilde	Miedo
Entusiasmado	Frustrado	Desilusionado	Impotente	Confundido
Involucrado	Irritado	Ansioso	Incapaz	Distante
Con ganas	Molesto	Angustia	Alegría	Útil
Relajado	Audaz	Indiferente	Nervioso	Pasivo
Renovado	Determinado	Aislado	Pánico	Agresivo
Libre	Antipático	Dolor	Perplejo	Atribulado
Extático	Nervioso	Deprimido	Impotente	Curioso
Realizado	Hostil	Descorazonado	Inquisitivo	Distante
Feliz	Impaciente	Desesperado	Rechazando	Incómodo
Con vigor	Airado	Solo	Reacio	Avergonzado
Rejuvenecido	Confiado	Distante	Arrepentido	Intenso
Contento	Desdén	Intrigado	Triste	Celoso
Vibrante	Cordial	Afortunado	Seguro	Distante
Satisfecho	Orgulloso	Resistente	Asustado	Inseguro
Radiante	Valiente	Distante	Amor propio	Abierto
Asombrado	Agitado	Cariñoso	Sensible	Pacífico
Vivo	Antipático	Anhelo	Conmocionado	Vivaz
Consciente	Enfadado	Melancólico	Escéptico	Travieso
Refrescado	Capaz	Aburrido	Apenado	Alerta
Motivado	Resentido	Tristeza	Sospechoso	Atontado
Sereno	Fuerte	Incómodo	Con pavor	Distante
Gracia	Amargado	Compasión	Agradecido	Tranquilo
Paciente	Enfadado	Infeliz	Distante	Amoroso
Pacífico	Vengativo	Cansado	Inseguro	Amistoso
Encantado	Merecedor	Avergonzado	Preocupado	Distraído
Preocupado	Molesto	Sorprendido	Orgulloso	Amado

IRA, SENTIMIENTOS Y PENSAMIENTOS

1. ¿Qué sentimientos y pensamientos tenías **ANTES** de tu último ataque de ira?
Por favor, explícalo.

____

____

____

2. ¿Qué sentimientos y pensamientos tenías **DESPUÉS** de tu último ataque de ira?
Por favor, explícalo.

____

____

____

3. ¿Qué sentimientos y pensamientos tenías que no podías controlar o entender
ANTES de tu último ataque de ira? Por favor, explícalo.

____

____

____

4. ¿Qué sentimientos y pensamientos tenías que no podías controlar o entender
DESPUÉS de tu último ataque de ira? Por favor, explícalo.

____

____

____

5. ¿Cuáles fueron los sentimientos y pensamientos que te hicieron aceptar el hecho
de que tienes problemas debido a ira incontrolable? Por favor, explícalo.

____

____

____

IRA, COMPORTAMIENTOS Y ACTITUDES

1. ¿Cuáles **SON** los comportamientos y actitudes que te hieren físicamente **EN LA ACTUALIDAD**? Por favor, explícalo.

____

____

____

2. ¿Cuáles **SON** los comportamientos y actitudes que te hieren emocionalmente **EN LA ACTUALIDAD**? Por favor, explícalo.

____

____

____

3 ¿Cuáles **SON** los comportamientos y actitudes que están afectando tus relaciones **EN LA ACTUALIDAD**? Por favor, explícalo.

____

____

____

4. ¿Cuáles **SON** los comportamientos y actitudes que están afectando tu rendimiento en el trabajo **EN LA ACTUALIDAD**? Por favor, explícalo.

____

____

____

5. ¿Cuáles **SON** los comportamientos y actitudes que eres incapaz de controlar **EN LA ACTUALIDAD**? Por favor, explícalo.

____

____

____

____

____

6. ¿Cuáles **SON** los comportamientos obsesivo-compulsivos que tienes **EN LA ACTUALIDAD**? Por favor, explícalo.

____

____

____

8. ¿Cuáles **ERAN** los comportamientos y actitudes que te herían físicamente cuando expresabas ira? Por favor, explícalo.

____

____

____

9. ¿Cuáles **ERAN** los comportamientos y actitudes que te herían emocionalmente cuando expresabas ira? Por favor, explícalo.

____

____

____

9. ¿Cuáles **ERAN** los comportamientos y actitudes que afectaron tus relaciones cuando expresabas ira? Por favor, explícalo.

____

____

____

____

10. ¿Cuáles **ERAN** los comportamientos y actitudes que afectaban tu rendimiento en el trabajo cuando expresabas ira? Por favor, explícalo.

____

____

____

____

____

____

SOY

¿Quién eres tú? Por favor, completa lo siguiente:

Soy ____.

Soy ____.

Soy ____.

Soy ____.

Soy ____.

Soy ____.

Soy ____.

Soy ____.

Soy ____.

Soy ____.

Soy ____.

Soy ____.

Soy ____.

Soy ____.

Soy ____.

Soy ____.

Soy ____.

Soy ____.

Soy ____.

Soy ____.

Soy ____.

CUANDO ESTOY ENFADADO...

Piensa en tus emociones, actitudes y comportamientos cuando estás enfadado y completa lo siguiente:

Cuando estoy enfadado ____.

Cuando estoy enfadado ____.

Cuando estoy enfadado ____.

Cuando estoy enfadado ____.

Cuando estoy enfadado ____.

Cuando estoy enfadado ____.

Cuando estoy enfadado ____.

Cuando estoy enfadado ____.

Cuando estoy enfadado ____.

Cuando estoy enfadado ____.

Cuando estoy enfadado ____.

Cuando estoy enfadado ____.

Cuando estoy enfadado ____.

Cuando estoy enfadado ____.

Cuando estoy enfadado ____.

Cuando estoy enfadado ____.

Cuando estoy enfadado ____.

Cuando estoy enfadado ____.

Cuando estoy enfadado ____.

Cuando estoy enfadado ____.

Cuando estoy enfadado ____.

Cuando estoy enfadado ____.

Cuando estoy enfadado ____.

Cuando estoy enfadado ____.

Cuando estoy enfadado ____.

Cuando estoy enfadado ____.

ASERTIVIDAD

La gente asertiva puede comunicar sus pensamientos, necesidades y sentimientos sin ofender a los demás. Respetan los derechos de los demás y los suyos propios y no niegan los derechos de otros. La gente pasiva atiende las necesidades de otros antes que sus propias necesidades. La gente agresiva está convencida de sus propios derechos pero no cree que los demás también tengan derechos.

1. ¿Qué estilo usas cuando interactúas con la gente?
    Asertivo______
    Pasivo ________
    Agresivo ______

Por favor, explica tu selección: _______________________________________

____

____

____

2. ¿Estás satisfecho con las decisiones que tomas? SÍ/NO. Por favor, explícalo.

____

____

____

3. ¿Crees que ignoran tus necesidades? SÍ/NO. Por favor, explícalo.

____

____

____

4. ¿Crees que te mereces más respeto? SÍ/NO. Por favor, explícalo.

____

____

____

5. ¿Crees que cooperas con otros de manera justa y consistente? SÍ/NO. Por favor, explícalo.

____

____

____

6. Mi capacidad de comunicación es____.

0	1	2	3	4	5	6	7	8	9	10	+
Mala										Excelente	

Por favor, explícalo.

____

____

____

7. ¿Crees que necesitas competir con otros o demostrar tu valía? SÍ/NO. Por favor, explícalo.

____

____

____

8. ¿Te resulta difícil mantener relaciones afectuosas / románticas? SÍ/NO. Por favor, explícalo.

____

____

____

9. ¿Evalúas situaciones y decides qué acción o comportamiento es el más apropiado? SÍ/NO. Por favor, explícalo.

____

____

Por favor, reflexiona sobre tus respuestas y lee las características de cada estilo.

ASERTIVO	PASIVO	AGRESIVO
Se comunica bien	Pone las necesidades de los demás primero	Comportamientos inapropiados
Comportamiento apropiado	Es difícil tomar decisiones	Ofensivo e irrespetuoso
Respeta los derechos de los demás	Se ignoran sus necesidades	Tiene dificultad con las relaciones
Tiene autocontrol	Tiene poca autoestima	No se comunica bien
Directo y honesto	Puede estar deprimido	Necesita competir y demostrar su valía
Educado y firme	Se puede sentir inferior a otros	Puede tener malos modales
Coopera	Poco auto respeto	Hace daño e insulta

Debemos ser asertivos para aumentar el control de nuestras vidas. Debemos ser claros en lo que queremos, justos, consistentes, honestos, confiados, flexibles y capaces de alcanzar un acuerdo.

Usa estas sencillas reglas:
- No pidas perdón o te expliques si no tienes que hacerlo.
- Mira a los ojos y mantén tu voz calmada.
- Espera a tu turno para hablar.
- Sé claro, honesto y directo.
- Reconoce los derechos de los demás y alcanza un acuerdo si es necesario o posible.
- No esperes convencer.
- Acepta que la vida no es justa.
- Sé flexible y acepta las consecuencias.
- No des excusas.
- Detente y decide antes de replicar.
- Sé consciente de tu postura corporal.
- Sé consciente de tus alrededores.
- Usa frases con "Yo" cuando sea necesario.
- No tengas miedo de decir No.
- Sé humilde y firme.
- Usa una actitud positiva.
- Sé un experto en el asunto a tratar.
- Piensa antes de abrir la boca.
- Selecciona el momento adecuado para las conversaciones y el entorno.
- Presta atención a los detalles.
- Da valor a las relaciones y entiende otros factores estresantes.
- Valida las percepciones, observaciones valiosas y comentarios de los demás.
- Expresa acuerdo o desacuerdo sin gritar o con una postura agresiva.
- Pide aclaraciones cuando sea necesario.
- Escucha y concéntrate en lo que se está diciendo.
- Permanece concentrado en el sujeto de la conversación.
- Reconoce que estás equivocado y pide perdón.
- Selecciona el nivel de tu asertividad con la situación y la persona.
- Practica de manera positiva lo que has aprendido.
- Demuestra siempre respeto y autocontrol.
- Sé educado y coopera.
- Entiende las percepciones y atributos de los demás.
- ____
- ____
- ____
- ____

QUIERO TENER...

Piensa en lo que **QUIERES TENER**. Por favor, completa lo siguiente:

Quiero tener____.

Quiero tener____.

Quiero tener____.

Quiero tener____.

Quiero tener____.

Quiero tener____.

Quiero tener____.

Quiero tener____.

Quiero tener____.

Quiero tener____.

Quiero tener____.

Quiero tener____.

Quiero tener____.

Quiero tener____.

Quiero tener____.

Quiero tener____.

Quiero tener____.

Quiero tener____.

Quiero tener____.

TENGO QUE HACER… PARA PODER TENER…

Por favor, completa lo siguiente:

Tengo que hacer _________________________ **para poder tener** _________________________.

Tengo que hacer _________________________ **para poder tener** _________________________.

Tengo que hacer _________________________ **para poder tener** _________________________.

Tengo que hacer _________________________ **para poder tener** _________________________.

Tengo que hacer _________________________ **para poder tener** _________________________.

Tengo que hacer _________________________ **para poder tener** _________________________.

Tengo que hacer _________________________ **para poder tener** _________________________.

Tengo que hacer _________________________ **para poder tener** _________________________.

Tengo que hacer _________________________ **para poder tener** _________________________.

Tengo que hacer _________________________ **para poder tener** _________________________.

Tengo que hacer _________________________ **para poder tener** _________________________.

Tengo que hacer _________________________ **para poder tener** _________________________.

Tengo que hacer _________________________ **para poder tener** _________________________.

Tengo que hacer _________________________ **para poder tener** _________________________.

Tengo que hacer _________________________ **para poder tener** _________________________.

Tengo que hacer _________________________ **para poder tener** _________________________.

Tengo que hacer _________________________ **para poder tener** _________________________.

Tengo que hacer _________________________ **para poder tener** _________________________.

Tengo que hacer _________________________ **para poder tener** _________________________.

NECESITO...

Piensa en lo que **NECESITAS** de verdad en tu vida.

Por favor, completa lo siguiente:

Necesito ____.

Necesito ____.

Necesito ____.

Necesito ____.

Necesito ____.

Necesito ____.

Necesito ____.

Necesito ____.

Necesito ____.

Necesito ____.

Necesito ____.

Necesito ____.

Necesito ____.

Necesito ____.

Necesito ____.

Necesito ____.

Necesito ____.

Necesito ____.

ME IMPORTA…

Piensa en qué y quién **TE IMPORTAN** de verdad.

Por favor, completa lo siguiente:

Me importa____.

Me importa____.

Me importa____.

Me importa____.

Me importa____.

Me importa____.

Me importa____.

Me importa____.

Me importa____.

Me importa____.

Me importa____.

Me importa____.

Me importa____.

Me importa____.

Me importa____.

Me importa____.

Me importa____.

Me importa____.

Me importa____.

NO ME IMPORTA...

Piensa en lo que **NO TE IMPORTA.**

Por favor, completa lo siguiente:

No me importa ____.

No me importa ____.

No me importa ____.

No me importa ____.

No me importa ____.

No me importa ____.

No me importa ____.

No me importa ____.

No me importa ____.

No me importa ____.

No me importa ____.

No me importa ____.

No me importa ____.

No me importa ____.

No me importa ____.

No me importa ____.

No me importa ____.

No me importa ____.

No me importa ____.

No me importa ____.

No me importa ____.

No me importa ____.

No me importa ____.

No me importa ____.

No me importa ____.

No me importa ____.

QUIERO SER...

Piensa en lo que **QUIERES SER**. Por favor, completa lo siguiente:

Quiero ser ____.

Quiero ser ____.

Quiero ser ____.

Quiero ser ____.

Quiero ser ____.

Quiero ser ____.

Quiero ser ____.

Quiero ser ____.

Quiero ser ____.

Quiero ser ____.

Quiero ser ____.

Quiero ser ____.

Quiero ser ____.

Quiero ser ____.

Quiero ser ____.

Quiero ser ____.

Quiero ser ____.

Quiero ser ____.

Quiero ser ____.

Quiero ser ____.

IRA, ADICCIÓN Y CONTROL

Todos nos hemos sentido enfadados al menos una vez por culpa de algo o de alguien. ¿Cómo nos enfrentamos a la ira? ¿Cómo gestionamos la frustración, provocación, irritación, desilusión, estrés, conflicto y resentimiento? ¿Cómo identificamos las señales físicas, emocionales y cognitivas que pueden provocar esos sentimientos?

No hay duda que una ira incontrolable puede acarrear problemas legales y dañar relaciones. Debemos reconocer qué es lo que causa o provoca la ira y enfrentarnos al dolor emocional y físico sin drogas o alcohol. Debemos identificar qué es lo que nos duele dentro de nosotros en un entorno terapéutico y aprender a perdonar y a curar. Debemos mejorar la consciencia de sentimientos airados fomentando aceptación y reconociendo las ventajas de entender y perdonar situaciones dolorosas del pasado. Debemos perdonarnos a nosotros mismos y a otros, y seguir adelante con determinación. Debemos mejorar nuestras relaciones interiores e interpersonales y mantener una actitud positiva. Debemos aumentar la comprensión de nuestro cuerpo, mente y patrones de emociones y aplicar consciencia plena y autocontrol.

¿Cómo podemos enfrentarnos a la ira sin aturdirla con drogas o alcohol?

1. ¿Usas drogas o alcohol cuando estás enfadado? SÍ/NO. Por favor, explícalo.

____

____

____

2. ¿Te sientes enfadado después de tomar drogas y alcohol? SÍ/NO. Por favor, explícalo.

____

____

____

3. ¿Cómo gestionas tu ira?

____

____

____

4. ¿Cómo sabes cuando estás enfadado? ¿Qué te pasa física, mental y emocionalmente?

Físicamente:____

Mentalmente:____

Emocionalmente:____

Por favor, indica √ tus síntomas de ira.

Señales Físicas	Señales Mentales	Señales Emocionales	Comportamiento
Palpitaciones	Rabia	Pensamientos rápidos	Correr
Dolor de estómago	Pensamientos agresivos	Agobiado	Violento
Palmas sudando	Irritación	Con ansiedad	Ir y venir
Músculos tensos	Confusión	Triste	Gritar
Pecho tenso	Apagado	Deprimido	Escupir
Cuello / cara calientes	Pensamientos desorganizados	Nervioso	Maldecir
Mandíbulas apretadas	Culpabilidad	Pensamientos dañinos	Lanzar cosas
Dientes apretados	Vergüenza	Otro:____________	Reír
Mareo	Falta de concentración	Otro:____________	Pasivo
Estremecimiento	Fantasías	Otro:____________	Agresivo
Pecho tenso	Cambio de ánimo		Asertivo
Temblando	Otro:____________		Indiferente
Dolor de cabeza	Otro:____________		Otro:__________
Fatigue			Otro:__________
Otro:____________			

- **¿Cómo es de difícil para ti mantener el autocontrol después de tener los síntomas anteriores?**

0	1	2	3	4	5	6	7	8	9	10
No es Difícil										**Muy Difícil**

Por favor, explica cómo afectan tu vida los síntomas que identificaste.

____

____

____

____

____

5. Escribe las **PRIMERAS** señales que has notado cuando empiezas a enfadarte.

Físicamente:____

____

Mentalmente:____

____

Emocionalmente:____

____

6. ¿Qué es lo que te enfada?

____

____

____

____

7. ¿Cómo reaccionas cuando te enfadas? Por favor, describe al menos tres situaciones pasadas y cómo reaccionaste.

____

____

____

____

1. ¿Has tenido problemas legales debido a tu ira? SÍ/NO. Por favor, describe eventos pasados y presentes.

____

____

____

____

2. ¿Qué comportamientos negativos te gustaría evitar cuando estás enfadado?

____

____

____

____

____

____

3.   ¿Qué plan tienes para controlar tu ira?

____

____

____

____

4.   Identifica dieciocho reacciones positivas que puedes practicar para controlar tu ira
     (por ejemplo, alejarte, hacer ejercicio,…)

1.____

2.____

3.____

4.____

5.____

6.____

7.____

8.____

9.____

10.____

11.____

12.____

13.____

14.____

15.____

16.____

17.____

18.____

5. Por favor, escribe a continuación la gente, cosas, lugares y demás dañados o
    destruidos por culpa de tu ira.

	Gente	Cosas	Lugares	Otro
	(e.g. pareja)	**(e.g. T.V.)**	**(e.g. apartamento)**	**(e.g. libertad)**
1.				
2.				
3.				
4.				
5.				
6.				
7.				
8.				
9.				
10.				
11.				
12.				

Por favor, reflexiona, explica y comenta sobre lo que acabas de escribir.

____

____

____

____

____

____

____

____

____

____

____

IRA Y MOTIVACIÓN

La motivación para cambiar proviene de nuestro interior. Todo lo que hacemos está motivado por algo interno o externo. La motivación para los seres humanos es como la gasolina para los automóviles. Puede que nuestro deseo de cambiar se vea influenciado por nuestro entendimiento interno y crezca debido a factores externos y ambientales. Somos nuestros motivadores auténticos cuando buscamos sinceramente quienes Somos en Realidad.

¿Cómo estás de motivado para cambiar? Por favor, rodea un número con un círculo.

0	1	2	3	4	5	6	7	8	9	10

No estoy
Motivado

100% Motivado

1. Por favor, explica tu respuesta.

____

____

____

____

2. Por favor, escribe al menos tres características de ti mismo que te gustaría cambiar en los próximos tres meses.

1.____

____

2.____

____

3.____

____

3. ¿Qué te motiva a aprender cómo controlar tu ira? Por favor, explícalo.

____

____

____

4. ¿Cómo sería tu vida si decides controlar tu ira?

____

____

____

IRA Y REACCIONES IMPULSIVAS

Reacciones, comportamientos y actitudes impulsivas pueden ciertamente ofender, faltar al respeto, provocar y resultar en situaciones con nosotros mismos y con otros y a la larga generar problemas legales.

1. ¿Te acuerdas de lo impulsivo que eras de niño? Por favor, rodea un número.

0   1   2   3   4   5   6   7   8   9   10 +

No era impulsivo   Extremadamente Impulsivo

Por favor, explica tu selección:

____

____

____

____

2. ¿Cómo eres de impulsivo AHORA? Por favor, rodea un número.

0   1   2   3   4   5   6   7   8   9   10 +

No soy impulsivo   Extremadamente Impulsivo

Por favor, explica tu selección:

____

____

____

____

3. ¿Cuántos problemas tuviste debido a actitudes y comportamientos impulsivos? Por favor, rodea un número.

0   1   2   3   4   5   6   7   8   9   10 +

Nada   Mucho

Por favor, explica tu selección:

____

____

____

____

IRA, GENTE, LUGARES, COSAS, EVENTOS, PENSAMIENTOS Y DESEOS

1. Por favor, identifica lo que puede hacer que expreses ira (haz una marca al lado de cualquiera de los siguientes términos que puedan aplicarse en tu caso): √

☐ Estrés	☐ Sentimiento de inferioridad	☐ Provocación
☐ Tensión con otros	☐ Dolor	☐ Incapacidad de hacer amigos
☐ Dolor	☐ Pánico	☐ Gente
☐ Ansiedad	☐ Miedos y Fobias	☐ Relaciones malsanas
☐ Depresión	☐ Obsesiones	☐ Incapacidad de divertirse
☐ Aburrimiento	☐ Soledad	☐ Lugares
☐ Dolor físico	☐ Ideas atropelladas	☐ Incapacidad de tomar decisiones
☐ Falta de empleo	☐ Experiencias traumáticas	☐ Falta de respeto
☐ Somnolencia constante	☐ Conflictos	☐ Problemas legales
☐ Incapacidad de relajarse	☐ Libertad a prueba	☐ Problemas económicos
☐ Insomnio	☐ Libertad condicional	☐ Apuestas
☐ Sueños recurrentes	☐ Sin hogar	☐ Problemas en el trabajo
☐ Pesadillas	☐ Orientación sexual	☐ Incapacidad de mantenerse empleado
☐ Alucinaciones	☐ Problemas sexuales	☐ Problemas familiares
☐ Cambios de ánimo	☐ Problemas médicos	☐ Otro:_____________
☐ Presión de grupo	☐ Desempleo________	☐ Otro:_____________

Otro (especifica):

____

____

____

____

2. Por favor, explica tus selecciones.

____

____

____

____

____

____

____

____

IRA, ESTRÉS Y PLANEANDO ACTIVIDADES

1. Por favor, marca con una √ las actividades que crees serán más útiles para ayudarte a reducir tu estrés diario.

☐	Meditar	☐	Rezar	☐	Reír
☐	Escribir un diario	☐	Ir a la iglesia	☐	Ir de fiesta
☐	Buscar aficiones	☐	Ir a estudios de la biblia	☐	Practicar deportes
☐	Ir a reuniones de autoayuda	☐	Escuchar música	☐	Pasar tiempo con la familia
☐	Ir a reuniones de AA	☐	Leer un libro o una revista	☐	Jugar a videojuegos
☐	Ir a reuniones de NA	☐	Ver la televisión	☐	Ayudar a otros
☐	Ir a reuniones de GA	☐	Ir al parque	☐	Comer tu comida favorita
☐	Ir al gimnasio	☐	Ir al cine	☐	Comprar cosas nuevas para ti mismo
☐	Hacer ejercicio con un amigo	☐	Horticultura	☐	Aumentar el romance
☐	Hacer ejercicio solo	☐	Limpiar	☐	Cortejar
☐	Caminar	☐	Lavar	☐	Llevar a mi pareja a cenar
☐	Hablar con un amigo	☐	Haciendo labores del hogar	☐	Practicar conciencia plena
☐	Hablar con un familiar	☐	Ir a dar una vuelta	☐	Practicar Yoga
☐	Hablar con tu patrocinador	☐	Ir de compras	☐	Otro:____________
☐	Hablar con tu consejero	☐	Ir a la escuela	☐	Otro:

2. Por favor, explica detalladamente cómo las actividades que has marcado con √ te ayudarán a reducir el estrés.

____

____

____

____

____

____

____

____

____

____

____

____

____

____

IRA Y CAMBIO

Nos motivamos a nosotros mismos mejorando la percepción de nuestras propias actitudes y comportamientos menoscabantes y autodestructivos y reteniendo la consciencia de lo que realmente queremos de la vida.

¿Estás decidido a cambiar tu vida y a mejorarla? ¿Quieres permanecer concentrado en los aspectos positivos de la vida? ¿Puedes motivarte, educarte y empoderarte a ti mismo? ¿Estás preparado para cambiar y aplicar el autocontrol? ¿Tienes confianza en tu capacidad de permanecer sin conflictos?

¿Puedes? SÍ/NO ¿Vas a hacerlo? SÍ/NO

1. Piensa en tu **ÚLTIMO** problema debido a la ira. ¿Qué pasó?

____

____

____

____

2. ¿Qué podrías haber **HECHO** de otra manera?

____

____

____

3. ¿Cómo comenzó el conflicto?

____

____

____

4. ¿Cuántas veces te prometiste a ti mismo que no perderías el autocontrol? Por favor, explica situaciones en las que lo perdiste.

| 0 | 1 | 2 | 3 | 4 | 5 | 6 | 7 | 8 | 9 | 10 | + |

____

____

____

____

4. ¿Qué va a ser diferente **AHORA**?

____

____

____

____

5. ¿Has estado sintiendo frustración, irritación, ira e impaciencia? SÍ/NO. Por favor, explícalo.

____

____

____

____

6. Identifica siete **SITUACIONES** que debes evitar para no enfadarte.

   1. _______________________________________

   2. _______________________________________

   3. _______________________________________

   4. _______________________________________

   5. _______________________________________

   6. _______________________________________

   7. _______________________________________

7. Identifica cinco **PERSONAS** que debes evitar para no enfadarte.

   1. _______________________________________

   2. _______________________________________

   3. _______________________________________

   4. _______________________________________

   5. _______________________________________

8. Identifica tres **LUGARES** que debes evitar para no enfadarte.

   1.____

   2.____

   3.____

9. Identifica tres **DECISIONES** que debes **HACER A DIARIO** para no enfadarte.

   1.____

   2.____

   3.____

10. Identifica tres **COMPORTAMIENTOS DE ALTO RIESGO** que debes evitar para no enfadarte.

   1.____

   2.____

   3.____

11. Identifica el nombre de tres **PERSONAS** a las que puedes pedir ayuda cuando te sientes enfadado.

   1.____

   2.____

   3.____

12. Identifica cinco formas **SANAS** de sobreponerte que debes usar cuando te sientes enfadado.

   1.____

   2.____

   3.____

   4.____

   5.____

13. Identifica cinco formas **MALAS** de sobreponerte que debes **EVITAR** cuando estás enfadado.

  1._____________________________

  2._____________________________

  3._____________________________

  4._____________________________

  5._____________________________

14. Identifica el nombre de tres **LUGARES** a los que puedes ir cuando estás enfadado.

  1._____________________________

  2._____________________________

  3._____________________________

15. Identifica tres signos **FÍSICOS** de **ESTRÉS** que pueden provocar tu ira. Por favor, explícalo (por ejemplo, dolores de cabeza, insomnio).

  1._____________________________

  2._____________________________

  3._____________________________

17. Identifica tres signos **EMOCIONALES** de **ESTRÉS** que pueden provocar tu ira. Por favor, explícalo (ej. tristeza, miedo, dolor, preocupación excesiva).

  1._____________________________

  2._____________________________

  3._____________________________

18. Identifica tres signos **MENTALES** de **ESTRÉS** que pueden provocar tu ira. Por favor, explícalo. (ej. falta de asertividad, falta de confianza).)

  1._____________________________

  2._____________________________

  3._____________________________

IRA Y ESTILO DE VIDA

Un estilo de vida es una forma de vivir y una forma de vida con ciertas costumbres, actitudes, moralidad, principios, estado económico y otros aspectos que pueden dar forma a un individuo o a un grupo. A veces la gente tiene que cambiarlo todo para permanecer sin problemas. Los cambios pueden incluir empleo, amistades, ubicación, entorno, dieta, sistema de creencias, asociaciones, relaciones y otros aspectos que puedan tener un impacto directo o indirecto en sus vidas.

Debes cambiar tu estilo de vida si atrae problemas.

1. Tu estilo de vida ¿atrae problemas? SÍ/NO. Por favor, explícalo.

____

____

1. ¿Cómo estás de motivado para cambiar tu ESTILO DE VIDA? Por favor, rodea un número con un círculo.

0	1	2	3	4	5	6	7	8	9	10

No estoy
Motivado   100% Motivado

2. ¿Qué **NECESITAS** cambiar en tu estilo de vida?

____

____

3. ¿Qué **QUIERES** cambiar de tu estilo de vida?

____

____

4. ¿Qué **CAMBIARÍAS** de tu estilo de vida?

____

____

5. ¿Qué **PUEDES** cambiar de tu estilo de vida?

____

____

6. ¿Qué **DEBES** cambiar de tu estilo de vida?

____

____

____

IRA, ESTRÉS Y SEÑALES DE PELIGRO

Cambiamos nuestra forma de vida normal debido a las demandas del estrés y podemos sentirnos agobiados física, emocional, mental y espiritualmente.

1. Cuando estás estresado, tu mente está ______________________________

0	1	2	3	4	5	6	7	8	9	10
Mente Clara										Problemas Pensando Claramente

Por favor, rodea un número

Antes de tu último ataque de ira:

a)	¿Piensas sobre lo mismo una y otra vez?	SÍ / NO
b)	¿Soñaste en conflictos con otros?	SÍ / NO
c)	¿Sufrías de cambios de ánimo?	SÍ / NO
d)	¿Tenías dificultades en recordar cosas?	SÍ / NO
e)	¿Tenías problemas gestionando el estrés diario?	SÍ / NO
f)	¿Te sentías avergonzado y culpable?	SÍ / NO
g)	¿Te frustrabas e irritabas fácilmente?	SÍ / NO
h)	¿Te sentías desesperado, ansioso y deprimido?	SÍ / NO
i)	¿Pensabas en experiencias traumáticas del pasado?	SÍ / NO
j)	¿Pensabas en la gente que te hizo daño?	SÍ / NO
k)	¿Percibías que te ofendían o provocaban?	SÍ / NO
l)	¿Estabas aburrido?	SÍ / NO
m)	¿Sentías como que no te importaba mucho nada de nada?	SÍ / NO
n)	¿Sentías pena acerca de tu vida?	SÍ / NO
o)	¿Sentías que estabas solo?	SÍ / NO
p)	¿Sentías que no tenías más remedio que luchar?	SÍ / NO
q)	¿Sentías que estabas en una trampa?	SÍ / NO
r)	¿Abandonaste costumbres sanas?	SÍ / NO
s)	¿Sentías presión social?	SÍ / NO
t)	¿Tuviste cambios en tus patrones de sueño?	SÍ / NO
u)	¿Sentías que necesitabas divertirte más?	SÍ / NO
v)	¿Estabas acompañado de amigos?	SÍ / NO

Por favor, completa lo siguiente:
Antes de mi último ataque de ira yo ______________________________

____

____

____

2. ¿A cuántas preguntas has contestado SÍ___________ NO___________ ?
    Reflexiona y explica tus respuestas.

____

____

____

____

____

____

____

____

____

____

3. ¿Cómo reaccionas al estrés?

Físicamente: (por ejemplo, falta de energía, trastornos del sueño)

____

____

____

____

____

Emocionalmente / Mentalmente: (por ejemplo, irritabilidad, nerviosismo, inquietud)

____

____

____

____

____

Comportamiento: (por ejemplo, ataques de ira, menos sueño)

____

____

____

____

____

4. Identifica tus factores estresantes diarios, semanales, mensuales y anuales.

Diarios:

____

____

____

Explícalo: ____

____

____

____

Semanales:

____

____

____

Explícalo: ____

____

____

____

Mensuales:

____

____

____

____

Explícalo: _______________________________________

____

____

Anuales:

____

____

____

____

Explícalo: _______________________________________

____

____

____

5. ¿Cómo puedes **GESTIONAR** el estrés? Por favor, identifica al menos siete maneras de gestionar y reducir el estrés (por ejemplo, planifica tu tiempo, da prioridad, organiza, haz ejercicio, habla con un amigo, usa técnicas de relajación y de meditación)

   1. ____

   2. ____

   3. ____

   4. ____

   5. ____

   6. ____

   7. ____

IRA, MENTIRAS, MIEDOS Y MANIPULACIÓN

Los miedos, la manipulación y la decepción pueden generar conflictos e ira. Debemos entender las raíces de los conflictos que pueden provenir de diferencias de opinión. Debemos ser conscientes de nuestras necesidades y averiguar de verdad por qué tenemos conflictos con nosotros mismos y con otros. El conflicto debe animarnos a examinar los problemas sabiamente e inspirar soluciones. El torbellino de nuestros valores, percepciones, deseos, ideas, morales, creencias, actitudes y tendencias alimenta nuestros conflictos. Cuando tenemos un conflicto con otros, debemos tener en mente nuestras emociones y comportamientos y tratar de comprender las emociones y comportamientos de los demás de manera calmada, relajada, consistente, justa y alerta. Debemos prestar atención a la comunicación no verbal y considerar soluciones en las que ambas partes ganan

1. ¿Has tenido problemas debido a un conflicto con una persona? (e.g. tu pareja) SÍ/NO. Por favor, explícalo.

____

____

____

____

____

2. ¿Has tenido conflictos contigo mismo? (e.g. contradicciones diarias, problemas a la hora de tomar decisiones) SÍ/NO. Por favor, explícalo.

____

____

____

____

3. ¿Te sientes incómodo, estresado o agitado cuando tienes un conflicto contigo mismo o con otros? SÍ/NO. Por favor, explícalo.

____

____

____

____

____

4. ¿Eres capaz de pensar en resultados positivos cuando tienes un conflicto con otros? SÍ/NO. Por favor, explícalo.

____

____

____

____

____

5. ¿Cómo resuelves un conflicto con alguien? ¿Escuchas de veras? ¿Reflexionas en lo que se está diciendo o haciendo para poder resolver conflictos? Por favor, explica cómo has resuelto un conflicto personal.

____

____

____

____

____

____

____

____

6. Cuando tienes un conflicto con otros, ¿clarificas, reconoces, discutes y estableces objetivos comunes que son beneficiosos para ambas partes? SÍ/NO. Por favor, ilústralo explicando un conflicto que hayas tenido.

____

____

____

____

____

____

7. ¿Eres capaz de identificar los obstáculos para resolver un conflicto y alcanzar un acuerdo sobre cómo resolverlo de manera positiva y calmada? SÍ/NO. Por favor, ilústralo explicando un conflicto que hayas tenido.

____

____

____

____

____

8. ¿Te harías responsable de resolver un conflicto? SÍ/NO. Por favor, ilústralo explicando un conflicto que se haya resuelto.

____

____

____

____

____

____

- **¿Cómo eres de capaz de encontrar una SOLUCIÓN a un conflicto sin violar la ley?**

Por favor, rodea un número

0	**1**	**2**	**3**	**4**	**5**	**6**	**7**	**8**	**9**	**10**
No soy capaz										**Extremadamente capaz**

Por favor, explica tu respuesta:

____

____

____

____

____

RELACIONES

Las relaciones son necesarias en nuestra sociedad. Relaciones sanas tienen un gran impacto a la hora de prevenir conflictos. Puede que la relación que tenemos con nosotros mismos, nuestra familia, nuestros colegas del trabajo o nuestra pareja sea sana o no. Nuestras percepciones sobre nuestras relaciones sanas o malsanas pueden variar debido a nuestro sistema de creencias y a nuestro nivel de aceptación o denegación. A veces las relaciones malsanas proporcionan la suficiente cantidad de vergüenza, culpabilidad, frustración, dolor, resentimiento y molestia para abandonar las ideas de armonía y esperanza. Una conexión sana entre dos personas debe basarse en el respeto mutuo, confianza, lealtad, buena comunicación, honestidad y un sentido de identidad propia y atención.

1. En tu opinión, ¿qué es lo que hace que una relación sea sana? (e.g. respeto mutuo)

____

____

____

____

2. En tu opinión, ¿qué es lo que hace que una relación sea perjudicial? (por ejemplo, intentar controlar o manipular a otros)

____

____

____

____

3. ¿Qué es lo que hace que una relación romántica sea sana? Por favor, selecciona √ aquello con lo que estés de acuerdo.

Escribe otros

Justicia	Apoyo	Capacidad de expresarse	__________
Amor	Consistencia	Sin violencia	__________
Discusiones	Buena comunicación	Sentimiento de Seguridad	__________
Estrés mental	Sinceridad	Sin miedo	__________
Instigación	Honestidad	Aprecio	__________
Fastidiar	Respeto mutuo	Atención	__________
Cotilleo	Humor	Conexión	__________
Reaccionar en exceso	Sentido de identidad	Felicidad	__________
Silencio	Validación	Uso de drogas	__________

Por favor, discute tus selecciones con tu terapeuta o en grupo.

Por favor, indica si estás de acuerdo o no con las sentencias siguientes:

Cuando tengo una relación romántica:

1. Sólo me preocupo por mí mismo	DE ACUERDO	DISCREPO
2. Me siento seguro y apreciado	DE ACUERDO	DISCREPO
3. No me río mucho o me siento feliz	DE ACUERDO	DISCREPO
4. Discuto semanalmente	DE ACUERDO	DISCREPO
5. Uso drogas con mi pareja	DE ACUERDO	DISCREPO
6. Normalmente intento controlar y manipular	DE ACUERDO	DISCREPO
7. Siento presión para complacer a mi pareja constantemente	DE ACUERDO	DISCREPO
8. No tengo privacidad	DE ACUERDO	DISCREPO
9. Me siento controlado y victimizado	DE ACUERDO	DISCREPO
10. No puedo trabajar o ser independiente	DE ACUERDO	DISCREPO
11. Tengo acceso limitado a mi familia	DE ACUERDO	DISCREPO
12. No tengo muchas amistades	DE ACUERDO	DISCREPO
13. Me preocupa mi futuro	DE ACUERDO	DISCREPO
14. No tomo demasiadas decisiones	DE ACUERDO	DISCREPO
15. No tengo confianza en mi futuro	DE ACUERDO	DISCREPO
16. Soy feliz	DE ACUERDO	DISCREPO
17. Respeto a mi pareja	DE ACUERDO	DISCREPO
18. Confío en mi pareja	DE ACUERDO	DISCREPO
19. Soy leal a mi pareja	DE ACUERDO	DISCREPO
20. Tengo amantes	DE ACUERDO	DISCREPO
21. No confío en mi pareja	DE ACUERDO	DISCREPO
22. Escondo mis drogas y alcohol para que mi pareja no las vea	DE ACUERDO	DISCREPO
23. Me siento solo	DE ACUERDO	DISCREPO
24. Estoy agobiado	DE ACUERDO	DISCREPO
25. Cometo actos ilegales y me veo envuelto en el sistema legal	DE ACUERDO	DISCREPO

Por favor, discute tus selecciones con tu terapeuta o en grupo.

LA IMPORTANCIA DE UNA VIDA EQUILIBRADA

Una vida equilibrada es una vida bien vivida. Buscamos el equilibrio en tantos aspectos de nuestra vida porque queremos sentirnos libres de estrés y disfrutar de los elementos de este mundo con un mentalidad clara. Debemos examinar nuestra vida y entender completamente su patrón, propósito y dirección. Debemos estimar nuestros anhelos, planes y objetivos y reflexionar sobre cómo conseguirlos equilibrando fuerzas externas (trabajo, familia, amistades, responsabilidades) e internas (salud, mente, satisfacción, autopremio). El equilibrio da forma a nuestra verdadera felicidad.

Debemos potenciarnos y motivarnos a nosotros mismos para poder vivir sin conflictos.
Olvida las preocupaciones y sigue dando alegría y armonía a tu vida.

1. ¿Está tu vida equilibrada? SÍ / NO. Por favor, explícalo.

____

____

____

____

____

2. ¿Cómo de equilibrado crees que está el tiempo que pasas con tu familia? ¿Crees que les dedicas el tiempo suficiente? SÍ / NO. Por favor, explícalo.

____

____

____

____

3. ¿Te dedicas a ti mismo el tiempo suficiente? SÍ / NO. Por favor, explícalo.

____

____

____

____

4. ¿Cómo te motivas a ti mismo?

____

____

____

____

____

____

5. ¿Qué deberías hacer para equilibrar tu vida?

____

____

____

____

____

6. ¿Qué actividades debes disminuir o aumentar para poder encontrar el equilibrio en tu
    vida? Por favor, explícalo.

____

____

____

____

7. ¿Qué puedes hacer en una semana para iniciar el proceso de equilibrar tu vida?

____

____

____

____

8. ¿Eres capaz de conectar contigo mismo y disfrutar la vida? SÍ / NO. Por favor, explícalo.

____

____

____

____

9. ¿Quién puede ayudarte a encontrar equilibrio en tu vida?

____

____

____

10. Nombra al menos 5 maneras sanas de aumentar el equilibrio en tu vida.

    1.____

    2.____

    3.____

    4.____

    5.____

11. ¿Cómo es de EQUILIBRADA tu vida hoy?

Por favor, redondea un número con un círculo

0	**1**	**2**	**3**	**4**	**5**	**6**	**7**	**8**	**9**	**10**
No está equilibrada					Medio equilibrada					Extremadamente equilibrada

Por favor, explica tu respuesta:

____

____

____

____

____

LA CONCIENCIA PLENA ES AHORA

La conciencia plena es el estado de ser consciente y estar completamente despierto y plenamente atento a los elementos internos y externos del momento presente. Cuando nos despertamos de nuestra vida diaria automática, empezamos a vivir en lo que parece ser una dimensión surreal de la realidad. Entendemos y apreciamos la interconexión de todo sin juzgar o dejarnos engañar por las distracciones de la vida (política, deportes, religión organizada). Somos perceptivos y somos la percepción del momento presente. Cuando alcanzamos una aproximación a la vida de acuerdo a una conciencia plena sublime, experimentamos una gran libertad y calidad de vida. Dejamos de estar condicionados a actuar y reaccionar con el piloto automático. Tomamos decisiones más sabias porque estamos despiertos. La práctica de la conciencia plena nos asiste a identificar e incrementar la conciencia de comportamientos impulsivos, automáticamente destructivos, adictivos y arriesgados.

1. ¿Eres consciente de tus pensamientos, actitudes y comportamientos que pueden causar ataques de ira? SÍ/NO. Por favor, explícalo.

____

____

____

____

____

____

2. ¿Has decidido de manera automática e impulsiva cuando actúas airado? SÍ/NO. Por favor, explica situaciones pasadas.

____

____

____

____

____

3. ¿Eres capaz de detener, reconocer y desafiar experiencias emocionales y físicas que pueden conducir a un ataque de ira? SÍ / NO. Por favor, explícalo.

____

____

____

____

4. ¿Eres capaz de detenerte, reconocer, entender y no juzgarte a ti mismo y a tus experiencias? SÍ / NO. Por favor, explícalo.

____

____

____

____

5. ¿Eres siempre consciente de tus emociones, reacciones y comportamientos? SÍ / NO. Por favor, explícalo.

____

____

____

____

____

6. ¿Qué deberías hacer para mantenerte concentrado y atento a tu ira?

____

____

____

____

- ¿Cómo estás de plenamente consciente **AHORA** mismo?

Por favor, rodea un número con un círculo

0	**1**	**2**	**3**	**4**	**5**	**6**	**7**	**8**	**9**	**10**
Nada de nada										**Extremadamente**

Por favor, explica tu respuesta:

____

____

____

____

____

SIEMPRE CON LA CONSCIENCIA PLENA

Por favor,

marca con un círculo

		SÍ	NO
1.	¿Te resulta difícil prestar atención a las cosas que dices o haces?	SÍ	NO
2.	¿Has tenido problemas debido a tus decisiones impulsivas?	SÍ	NO
3.	¿Te resulta difícil prestar atención cuando estás haciendo tareas?	SÍ	NO
4.	¿Haces varias cosas a la vez?	SÍ	NO
5.	¿Actúas antes de pensar en las consecuencias?	SÍ	NO
6.	¿Te preocupa el futuro o el pasado?	SÍ	NO
7.	¿Tiendes a olvidar responsabilidades diarias?	SÍ	NO
8.	¿Te resulta difícil disfrutar del momento actual?	SÍ	NO
9.	¿Te diviertes con tus amigos?	SÍ	NO
10.	¿Puedes relajarte?	SÍ	NO
11.	¿Te distraen fácilmente los medios de comunicación?	SÍ	NO
12.	¿Te olvidas a veces de tus responsabilidades?	SÍ	NO
13.	¿Te dejas influenciar fácilmente por otros?	SÍ	NO
14.	¿Has tenido problemas debido a presión de grupo?	SÍ	NO
15.	¿Intentas disfrutar de cada momento del día?	SÍ	NO
16.	¿Estás atento a lo que está sucediendo AHORA?	SÍ	NO

Por favor, reflexiona y explica tus respuestas.

____

____

____

____

____

____

____

____

TOMANDO DECISIONES

Cualquier decisión que tomamos es al fin y al cabo nuestra decisión. Todos los días tomamos decisiones buenas, regulares o malas. Cada mañana decidimos continuar con nuestra rutina diaria o hacer algo diferente. A veces decidimos cosas sin pensar mucho y a veces nos detenemos y pensamos en lo que sería la mejor decisión. Nos podemos mover automáticamente como cualquier otro día o podemos reflexionar en la decisión que hay que tomar. La toma de decisiones se puede facilitar a través de experiencias emocionales, físicas o espirituales, considerando opciones y consecuencias, percibiendo los pros y los contras, adquiriendo conocimiento pensando en todo tipo de posibilidades, revisando, describiendo, planificando y por medio de valores, necesidades, actitudes y comportamientos.

1. Has decidido aprender a gestionar la ira. ¿Qué hizo que tomar esta decisión fuera **NECESARIO** para ti? Por favor, explica tu respuesta.

____

____

____

____

2. Has decidido perseguir tus objetivos, deseos y sueños personales con una mente clara y concentrarte en tu autocontrol. ¿Cuáles son los **BENEFICIOS** de esta decisión? Por favor, explica tu respuesta.

____

____

____

____

3. ¿Cuál fue tu decisión más difícil cuando te faltaba autocontrol? ¿Cuáles fueron las **CONSECUENCIAS**? Por favor, explica tu respuesta.

____

____

____

____

____

4. ¿Cuál fue tu decisión más irracional cuando tenías conflicto con otros? ¿Cuáles fueron las **CONSECUENCIAS**? Por favor, explica tu respuesta.

____

____

____

____

____

____

____

5. Por favor, escribe siete decisiones que tomaste cuando estabas en una relación y cómo **AFECTARON** tu vida.

1.____

2.____

3.____

4.____

5.____

6.____

7.____

6. ¿Habrías tomado las mismas decisiones **AHORA**? Por favor, explícalo.

____

____

____

____

____

____

____

____

7. Por favor, escribe siete decisiones PERJUDICIALES que tomaste cuando tenías una relación que resultaron en consecuencias que **NO ESPERABAS**. Por favor, explícalo.

1. ____

2. ____

3. ____

4. ____

5. ____

6. ____

7. ____

8. ¿Habrías tomado las mismas decisiones **AHORA**? Por favor, explícalo.

____

____

____

____

9. ¿Cuántas veces tus decisiones **IMPULSIVAS** han resultado en problemas legales? Por favor, explícalo.

____

____

____

____

10. ¿Cuántas veces tus decisiones **BIEN PENSADAS** han resultado en conflictos con otros? Por favor, explícalo.

____

____

____

____

11. ¿Cuáles son los **PROS y los CONTRAS** de tomar una decisión después de considerar cuidadosamente las consecuencias? Por favor, explícalo.

____

____

____

____

12. *¿Cómo tomas una decisión?* Escribe un ejemplo de una decisión que hayas tomado hoy y explica detalladamente por qué y cómo llegaste a tomarla. Por favor, escribe las consecuencias de tu decisión, pros y contras y alternativas posibles.

____

____

____

____

____

____

13. ¿Cómo eres de capaz de tomar decisiones **SABIAS** y beneficiosas?

Por favor, rodea un número con un círculo

0	1	2	3	4	5	6	7	8	9	10

No soy capaz   Extremadamente capaz

Por favor, explica tu respuesta.

____

____

____

____

____

____

RESOLVIENDO PROBLEMAS

Durante nuestras vidas nos enfrentaremos a problemas. A veces serán pequeños y a veces, impensables. Los problemas existen y somos capaces de resolver un problema identificando primero sus síntomas, buscando información acerca del problema, pensando en soluciones, escogiendo la solución más beneficiosa, visualizando y refinando un plan de acción, revisando la propuesta de resolución y ejecutando la solución más positiva.

1. ¿Cuándo se convierte un **SÍNTOMA** de un problema en un problema propiamente dicho? (por ejemplo, un síntoma podría ser considerar discutir con tu pareja sobre algo).

____

____

____

____

2. ¿Eres capaz de entender síntomas de tus problemas personales antes de que se sean **IMPOSIBLES DE GESTIONAR**? Por favor, describe un problema que hayas tenido y cómo lo manejaste.

____

____

____

____

3. Normalmente, ¿**RESUELVES** tus problemas tú mismo o pides ayuda? Por favor, explícalo usando un ejemplo de un problema al que estás enfrentando en la actualidad.

____

____

____

____

4. ¿**MINIMIZAS** tus problemas? ¿Haces tus problemas más pequeños de lo que son? SÍ / NO. Por favor, explícalo.

____

____

____

5. Por favor, enumera cinco **PROBLEMAS** causados por tu ira.

1.____

2.____

3.____

4.____

5.____

6. Por favor, escribe 4 maneras en las que trataste de **CONVENCER** a otros que no tenías problemas con la ira.

1.____

2.____

3.____

4.____

5.____

7. ¿Eres consciente **AHORA** del impacto de los problemas causados por tu ira y el efecto que tuvieron en ti y en la gente a la que le importas? SÍ / NO. Explica detalladamente el impacto de los problemas causados por tu ira.

____

____

____

____

____

12. ¿Cómo eres de capaz de resolver tus problemas?

Por favor, redondea un número con un círculo

0	**1**	**2**	**3**	**4**	**5**	**6**	**7**	**8**	**9**	**10**
No soy capaz										Extremadamente capaz

Por favor, explica tu respuesta ____

____

____

VIAJE ESPIRITUAL

La manera en la que vemos nuestra propia existencia en el universo es lo que nos hace conscientes de nuestras acciones y reacciones a todo. Nuestra existencia física reinventa constantemente su tiempo y conecta nuestros cuerpos y almas al universo. Somos la energía que usa el universo para evolucionar mágica y pacientemente a través nuestro. Nuestros cuerpos son un proceso que nunca está quieto y nuestras almas son naves que buscan sabiduría conectando y sintiendo el mundo física, social, emocional y espiritualmente.

Nuestras almas animan constantemente nuestros cuerpos y buscan equilibrio, harmonía, significado, serenidad, propósito, autoactualización y satisfacción. Somos la consciencia plena que trae el cambio al abandonar nuestras viejas creencias limitadas. Meditamos y buscamos un cambio positivo dentro de nosotros mismos al aceptar nuestro cuerpo y alma hacia un despertar de compasión, empatía, bondad y amor. Somos almas que usan cuerpos. Pertenecemos a dimensiones multi-nivel del universo.

- ¿Cómo ves tu propia existencia espiritual en el universo?
  Por favor, redondea un número con un círculo.

0	1	2	3	4	5	6	7	8	9	10
No la veo										Extremadamente

Algunos Principios Espirituales:

Honestidad	Gratitud	Tolerancia	Amor
Aceptación	Perdón	Dar más	Cuidado de otros
Rendición	Paciencia	Esperar menos	Compasión
Aceptar cambio	Vivir simplemente	Vivir humildemente	Autoactualización

1. ¿Qué crees que da significado a tu vida?

____

____

____

____

2. ¿Te consideras espiritual? SÍ / NO. Por favor, explícalo.

____

____

____

____

3. Si ASÍ ES, ¿cómo son de importantes tus creencias? Por favor, explícalo.

____

____

____

4. ¿Has tenido alguna vez un despertar espiritual? SÍ / NO. Por favor, descríbelo.

____

____

____

5. ¿Hablas de espiritualidad o religión con alguien? SÍ / NO. ¿Si así es, con quién y cuándo?

____

____

____

6. ¿Crees que las prácticas espirituales y religiosas mejoran el funcionamiento del cerebro de modo que, a su vez, mejoran la salud física y emocional? SÍ / NO. Por favor, explícalo.

____

____

____

____

7. ¿Crees que la contemplación de Dios y otros valores espirituales despierta nuestra consciencia y mejora las percepciones sensoriales sobre uno mismo? SÍ / NO. Por favor, explícalo.

____

____

____

____

8. Piensa en tu cuerpo y en su funcionamiento. Describe una enfermedad física que hayas sufrido y los eventos que ocurrieron a continuación.

____

____

____

____

____

9. ¿Acudes a grupos de autoayuda? SÍ/NO. Por favor, explícalo.

____

____

____

10. ¿Eres consciente del impacto de tu ira en tu cuerpo, mente y alma? SÍ / NO. Por favor, explícalo.

____

____

____

____

11. ¿Eres capaz de practicar meditación de conciencia plena poniendo a un lado los pensamientos sobre el pasado y el futuro y permaneciendo en el momento presente? SÍ / NO. Por favor, explícalo.

____

____

____

12. ¿Estás interesado en aprender más sobre técnicas de meditación y relajación? SÍ / NO. Si así es, explica lo beneficioso que sería para ti saber más de estas técnicas.

____

____

____

____

Habla con tu psicoterapeuta de maneras de obtener información y aprender más sobre técnicas de meditación y relajación. Disfrutarás de una experiencia única de autorreflexión al limpiar tu mente de pensamientos acumulados.

La mente, el alma y el cuerpo están diseñados para estar en armonía entre sí y a través de la meditación podemos viajar a un estado de consciencia plena de una manera clara, más sabia, concentrada y profunda.

PALABRAS Y ACCIONES

No tengas miedo de la vida. Cree siempre en ti mismo.

Pensé en este dicho al dar forma a muchos de mis pensamientos, acciones y actitudes. Mi voz interior se hizo más confiada y me aseguró de que merece la pena vivir la vida. Debemos apreciar una vida de valor, confianza, determinación, coraje, virtud y entender que el miedo está ahí para conquistarlo. El miedo puede convertirse en el mejor abono para intensificar nuestro éxito personal.

Podemos conquistar nuestros miedos y lo conseguiremos **CREYENDO** en nosotros mismos y **CONOCIÉNDONOS** a nosotros mismos.

LO QUE ERES Y LO QUE DEBERÍAS SER

Somos lo que pensamos y nuestros pensamientos pueden resultar creíbles a nosotros mismos y a otros. Tenemos unos planos que seguir y determinar dónde debería ir nuestra vida. Debemos ver nuestras vidas no como una idea de vivir sino como una realidad que conseguir. Nuestros sueños, planes y objetivos tienen más razones para que los persigamos que para que dejemos que se vayan. Debemos aceptar principios básicos y creer profundamente en nosotros.

CAMBIO

No siempre queremos, aceptamos o respetamos el cambio. Debemos conectar con nuestras emociones para poder entender nuestras acciones y modificar nuestros comportamientos. No podemos ignorar nuestras necesidades para evitar cambiar nuestros comportamientos destructivos. No debemos olvidar la ejecución del perdón para evitar el cambio.

El cambio es lo que nos conecta al universo y somos parte de ello. Acepta y entiende que el cambio es un elemento beneficioso en tu vida

DUELO Y PÉRDIDA

La vida nos trae a veces un dolor inimaginable debido al duelo y la pérdida de algo o alguien. Podemos perder a un ser querido, una relación íntima, una mascota, un amigo, un trabajo, una pareja, nuestra propia salud o algo o alguien que nos importa. Podemos sentirnos deprimidos ansiosos y como en un sueño. Podemos evitar sentimientos de tristeza y desesperación tomando el camino de la negación, que puede resultar en abuso de sustancias, enfermedad mental y problemas de salud. Nos abandonamos a nosotros mismos y a otros y ponemos en duda nuestra forma de ser mental y espiritualmente. Podemos sentirnos perdidos en la dimensión de la rueda de la magia, comprobar los límites de la cordura y nuestra capacidad para permanecer humanos.

La pérdida puede cambiar nuestra manera de pensar y generar emociones y reacciones físicas que nunca hemos sentido hasta ese momento.

El duelo es una reacción natural a la pérdida. El duelo puede arrebatarnos nuestro sentido de pertenecer a algo o a alguien y podemos sentirnos tristes, asustados y solos. La gente sufre el dolor de manera distinta, dependiendo de las experiencias en sus vidas, de su personalidad, de su fe, de los métodos para sobreponerse que hayan aprendido, de su sistema de apoyo, del tipo de pérdida y de otros factores.

Cualquier pérdida puede causar dolor, incluyendo:

- Muerte de un ser querido
- Pérdida de una relación
- Pérdida de la propia salud física o mental
- Pérdida de trabajo o puesto laboral
- Pérdida de estabilidad económica
- Pérdida de posesiones o propiedad
- Pérdida de un lugar querido u hogar estable
- Pérdida de un hijo que se va de casa
- Una herida o discapacidad
- Pérdida de un amigo
- Pérdida de un estilo de vida
- Aborto espontáneo
- Pérdida de un plan o sueño
- Pérdida de seguridad
- Pérdida de fe
- Otro_________________________

Al sufrir el dolor aceptamos naturalmente la pérdida y sanamos expresando nuestros sentimientos y utilizando nuestro sistema de apoyo. No tengas miedo de pedir ayuda. No aguantes las lágrimas. Tienes que sentir para poder sanar.

Debemos comenzar el proceso de curación reconociendo las raíces del dolor y conquistando el abismo del sufrimiento.

La muerte de un ser querido puede forzarte a considerar tus propios sentimientos acerca de la mortalidad. El dolor y la pérdida son personales y debemos entender nuestras emociones, buscar nuestro sistema de apoyo y sentir el proceso natural de curación sin resistencia ni retraso.

1. Por favor, reflexiona en lo que has perdido y a quién has perdido durante tu vida.

2. Por favor, haz una lista de las emociones, pensamientos y cambios corporales que has tenido desde tu pérdida.

3. ¿Cómo ha afectado tu pérdida a tu vida social?

4. ¿Cómo ha afectado tu pérdida tu auto-respeto?

5. ¿Cómo ha afectado tu pérdida tus comportamientos?

____

____

____

____

____

6. ¿Cómo ha afectado tu pérdida a tus relaciones?

____

____

____

____

____

7. ¿Empezaste a usar drogas o alcohol debido a la muerte de un ser querido? SÍ / NO. Por favor, explícalo.

____

____

____

____

____

8. ¿Tuviste problemas enfrentándote a emociones y pensamientos de pérdida? SÍ/NO. Por favor, explícalo.

____

____

____

____

____

MI FUTURO ME PERTENECE A MI

Resume tus planes y objetivos para mantener tu recuperación sana y salva y satisfacer tus necesidades.

PARA MEJORAR LA RELACIÓN CONMIGO MISMO

Voy a____

____

____

____

PARA ENCONTRAR EMPLEO O MANTENERME EMPLEADO

Voy a____

____

____

____

PARA ENCONTRAR ALOJAMIENTO O MANTENERME ALOJADO

Voy a____

____

____

____

PARA EDUCARME O APRENDER UN OFICIO

Voy a____

____

____

____

PARA MANEJAR IMPULSOS Y ANSIAS

Voy a____

____

____

PARA TENER O MANTENER UN MEDIO DE TRANSPORTE

Voy a____

____

____

PARA CONSEGUIR O MANTENER UNA RELACIÓN SANA CON MI FAMILIA

Voy a____

____

____

PARA CONSEGUIR O MANTENER UNA RELACIÓN SANA CON AMIGOS

Voy a____

____

____

PARA APRENDER MÁS SOBRE MI MISMO Y LA VIDA EN GENERAL

Voy a____

____

____

PARA DIVERTIRME Y DISFRUTAR DE LA VIDA SIN CONFLICTOS

Voy a____

____

____

PARA USAR REGULARMENTE MI SISTEMA DE APOYO

Voy a____

____

____

PARA CONSEGUIR, MANTENER Y EXPANDIR UNA RED SOCIAL SANA

Voy a

____

____

____

____

PARA REDUCIR EL ESTRÉS

Voy a

____

____

____

____

PARA ELIMINAR EL CAOS EN MI VIDA

Voy a

____

____

____

____

PARA AUMENTAR LA RESPONSABILIDAD POR MIS ACCIONES

Voy a

____

____

____

____

PARA DETENERME UN MOMENTO ANTES DE REACCIONAR

Voy a

____

____

____

____

PARA RECONOCER CONFLICTOS

Voy a____

____

____

____

____

Por favor, añade más.

PARA____

Voy a____

____

____

____

____

____

PARA____

Voy a____

____

____

____

____

PARA____

Voy a____

____

____

____

____

IDENTIFICANDO MIS PROBLEMAS Y HACIENDO MIS PROPIOS PLANES

	Describe síntomas de problemas / comportamientos / actitudes / adicciones / obsesiones / compulsiones y otras cosas que te gustaría cambiar	¿Cómo vas a resolver / cambiar / mejorar / eliminar? ¿Haciendo qué? Objetivos a Corto Plazo	Periodo ¿Cuánto tiempo te llevará conseguir tus Objetivos a Corto Plazo?	¿Cómo vas a resolver / cambiar / mejorar / eliminar? ¿Haciendo qué? Objetivos a Largo Plazo	Periodo ¿Cuánto tiempo te llevará conseguir tus Objetivos a Largo Plazo?
1.					
2.					
3.					
4.					
5.					
6.					
7.					

1. Por favor, explica los beneficios de tus objetivos a corto y a largo plazo y los logros actuales.

____

____

____

____

____

____

____

____

____

2. ¿A quién puedes pedir ayuda para conseguir tus objetivos?

____

____

____

¿Cómo estás de **SEGURO** de que conseguirás alcanzar tus objetivos a corto y a largo plazo? Por favor, rodea un número con un círculo.

0	1	2	3	4	5	6	7	8	9	10
No estoy seguro										Extremadamente seguro

Por favor, explica tu respuesta.

____

____

____

____

AUTOCUIDADO

Cuidamos a otros y nos olvidamos fácilmente de nosotros mismos. El autocuidado es cuidado proporcionado por ti a ti mismo. Tienes que amar y cuidar tu ser antes de cuidar a cualquier otra persona. Tienes que identificar tus necesidades y deseos beneficiosos y cumplir tus deseos. Tienes que asegurarte a ti mismo que eres sano física, mental, emocional y espiritualmente.

Tienes que conectar con la naturaleza, escribir una carta a un ser querido, ir a un masajista, meditar en tu lugar favorito, hacer ejercicio frecuentemente, respirar aire fresco y limpio, escuchar música, ver una buena película, divertirte, mimarte a ti mismo con cosas que puedes permitirte, darte energía con una dieta equilibrada, dormir bien, echar una siesta y descansar tu cuerpo y mente, aprender algo nuevo y pasar tiempo con amigos de verdad que te hagan reír.

1. ¿Has abandonado tu autocuidado? SÍ / NO. Por favor, explícalo.

____

____

____

____

2. ¿Cuándo fue la última vez que hiciste algo por ti mismo? Por favor, explícalo.

____

____

____

____

3. ¿Te has ocupado más de otros y te has abandonado a ti mismo? SÍ / NO. Por favor, explícalo.

____

____

____

____

4. ¿Cómo crees que la adicción te impidió cuidarte a ti mismo?

____

____

____

____

5. ¿Qué puedes hacer para aumentar el autocuidado?

____

____

____

____

6. Por favor, haz una lista de la gente, cosas y lugares que te importan y explica por
    qué.

____

____

____

____

7. ¿Te has abandonado a ti mismo para poder ocuparte de otros? SÍ / NO. Por favor,
    explícalo.

____

____

____

8. ¿Cuándo fue la última vez que fuiste a tu médico de cabecera? ______________
9. ¿Cuándo fue la última vez que fuiste a tu dentista? ___________________________
10. ¿Cuándo fue la última vez que te dieron un masaje? __________________________
11. ¿Cuándo fue la última vez que te mimaste a ti mismo? ________________________
12. ¿Cuándo fue la última vez que reíste y te divertiste? _________________________
13. ¿Cuándo fue la última vez que te sentiste satisfecho contigo mismo? __________
14. ¿Cuándo fue la última vez que te encantó ser tú? ____________________________
15. ¿Cuándo fue la última vez que sonreíste a un extraño? _______________________
16. ¿Cuándo fue la última vez que pudiste relajarte y sentirte en paz? ____________
17. ¿Cuándo fue la última vez que tuviste sentimientos positivos sobre ti mismo?____

18. ¿Cuánto te quieres a ti mismo AHORA? Por favor, rodea un número con un
    círculo.

0	**1**	**2**	**3**	**4**	**5**	**6**	**7**	**8**	**9**	**10**	**+**

**No me quiero
ni me importo**

**Me quiero y me
importo extremadamente**

Por favor, reflexiona sobre tu respuesta.

____

____

____

CURANDO AL ESCRIBIR UN DIARIO

Te animo a que escribas un diario cada día. Escribir un diario tiene un efecto encantador.

La curación puede usar reflexiones y observaciones conscientes al buscar palabras para describir nuestros objetivos, fuerzas, debilidades, pensamientos, sentimientos, acciones y actitudes. Podemos escribir en un papel cosas acerca de nuestros dolores, ambiciones y sueños de manera agresiva, paciente o sensible. El papel acepta cualquier tipo de tinta de cualquier color. Podemos expresar nuestra capacidad de percibir y procesar nuestro ser interno al construir nuestra consciencia de las experiencias de la vida.
Podemos concretar ideas y reconstruir nuestra autoestima, autoconfianza y autodeterminación al reactivar recuerdos y recrear momentos positivos y menos positivos. Nos enseñaremos a nosotros mismos al escribir un diario. Podemos curar, aprender, organizar, transformar, cambiar, crear, meditar, recordar, imaginar, mejorar, construir, reconstruir y restaurar nuestras vidas al escribir un diario.

Mi Diario:

MEDIDOR DIARIO DE LA IRA

Hoy es un buen día.

Hoy es ________________________ **Fecha:** ________________________

¿Cuál fue el número más alto al que llegaste hoy en el medidor de la ira?

- ¿Cómo de enfadado estabas hoy?

0   1   2   3   4   5   6   7   8   9   10   +

No estaba enfadado   Extremadamente enfadado

1. ¿Qué evento provocó que alcanzaras el máximo de hoy en el medidor de la ira?

____

____

____

1. ¿Qué hubieras hecho de otra manera? _______________________

____

____

2. ¿Fuiste capaz de detenerte y aplicar técnicas de asertividad para sobreponerte a la ira? SÍ/NO. Por favor, explícalo.

____

3. ¿Aplicaste el autocontrol? SÍ/NO _______________________

4. Por favor, escribe los signos que pudiste identificar cuando estabas enfadado:

Signos físicos: _______________________

Signos mentales: _______________________

Signos emocionales: _______________________

Signos de comportamiento: _______________________

Comentarios: _______________________

____

____

Reflexiona y discute tus eventos y comentarios diarios en grupo y con tu psicoterapeuta. Haz copias de esta hoja en blanco y úsala a diario.

MEDIDOR SEMANAL DE LA IRA

Hoy es un buen día.

Semana desde: _________________ **Hasta:** _______________

¿Cuál fue el número más alto al que llegaste esta semana en el medidor de la ira?

0	1	2	3	4	5	6	7	8	9	10	+

No estaba enfadado   Extremadamente enfadado

L   MA   MI   J   V   S   D

¿Qué pasó? Por favor, explícalo.

Lunes: ____

Martes: ____

Miércoles: ____

Jueves: ____

Viernes: ____

Sábado: ____

Domingo: ____

5. ¿Qué evento provocó el número más alto?

____

____

6. ¿Qué hubieras hecho de otra manera? _______________________

____

7. Por favor, escribe los signos que pudiste identificar cuando estabas enfadado:

Signos físicos: ____

Signos mentales: _______________________________________

Signos emocionales: ____________________________________

Signos de comportamiento: ______________________________

Reflexiona y discute tus eventos y comentarios semanales en grupo y con tu psicoterapeuta. Haz copias de esta hoja en blanco y úsala semanalmente.

CONTRATO

Yo, ____ acuerdo aprender y demostrar conocimiento de la aplicación de técnicas para la gestión de la ira, incluyendo autocontrol.

____ (iniciales) Acuerdo cuidarme a mí mismo, comer bien y dormir lo suficiente cada noche

____ (iniciales) Acuerdo completar mis hojas para medir la ira diarias y semanales.

____ (iniciales) Acuerdo usar mi apoyo social y los recursos de la comunidad.

____ (iniciales) Acuerdo que si necesito ayuda me pondré en contacto con los siguientes individuos:

____

____

____

____ (iniciales) Acuerdo aprender y demostrar conocimiento de técnicas para resolver problemas, tomar decisiones, resolver conflictos y comunicarse de manera sana.

____ (iniciales) Acuerdo pararme a pensar sabiamente antes de reaccionar.

____ (iniciales) Acuerdo aceptar las condiciones siguientes:

____

____

____

____

________ (iniciales) Acuerdo que estas condiciones son importantes y merece la pena seguirlas.

________ (iniciales) Acuerdo que este es un contrato que estoy dispuesto a seguir.

________ (iniciales) Acuerdo honrar este contrato.

Firmado____Fecha____________

Presenciado por____Fecha____________

CRÍTICAS

Por favor, mándame tus sugerencias, preguntas, observaciones y comentarios. Es posible que nos ayudes a mejorar publicaciones futuras. Estamos dispuestos a recibir críticas constructivas y apreciamos tu experiencia y percepción

Muchas gracias.

Por favor, ponte en contacto conmigo en mi dirección rlima001@gmail.com

¿Qué puntuación te merece este cuaderno? Por favor, rodea un número con un círculo

0	1	2	3	4	5	6	7	8	9	10
Terrible										Genial

Por favor, explica tu selección:

____

____

____

____

____

____

Sugerencias:

____

____

____

____

____

____

____

____

____

NOTAS

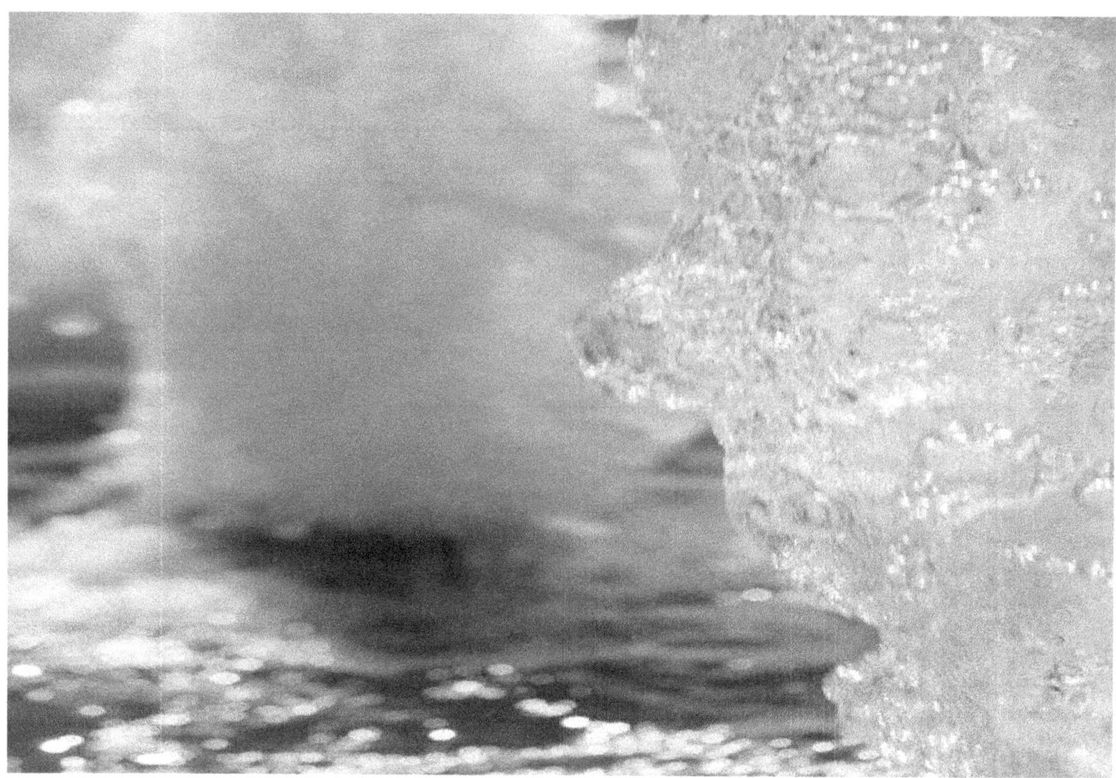

SÉ COMO EL AGUA

El agua no lucha para encontrar su camino pero encuentra su camino. Si dejas caer una botella de agua abierta en el suelo, el agua no romperá el suelo. El agua irá alrededor de todo lo que encuentre y se meterá donde pueda meterse hasta que encuentra su destino de manera suave y calmada.

Ajustarse a todo es una experiencia sublime. Aceptando primero que la vida no es justa es una conciencia verdadera. Decidir hacerse parte de tus planos o destino es un entendimiento genuino del propósito de tu vida.

Aumentar la auto-responsabilidad ayuda a dominar y adquirir la autodeterminación. Eres la forma de tus pensamientos y tus acciones son el resultado de ese proceso.

Basta de echar la culpa, de poner excusas, de negarte, de justificar, de racionalizar o de minimizar. Basta de falsedades o mentiras. Aplica lo que sabes que te beneficia y concéntrate en lo que amas y en lo que te importa.